WordPress auf dem PC

WordPress auf dem PC als Testsystem benutzen

Schritt für Schritt - mit über 100 hilfreichen Screenshots

Programmierkenntnisse sind nicht erforderlich

Klaus Itdoor

1. Auflage 2020

Ein grober Überblick

Warum man WordPress auf dem PC installieren sollte

WordPress auf dem PC installieren

Ein Transportpaket schnüren

WordPress vom PC in den Webspace transportieren

Zweimal WordPress auf dem PC installieren

Die WordPress-Website innerhalb des PCs transportieren

WordPress vom Webspace auf den PC transportieren

WordPress vom Webspace auf dem PC installieren

Das Impressum ist bei den Haftungsausschlüssen.

Inhaltsverzeichnis

Vorwort 9
Warum man WordPress auf dem PC installieren sollte 10
    WordPress testen, bevor man einen kostenpflichtigen Webspace anmietet 11
    Sie bestimmen wann WordPress aktualisiert wird 11
    Möglichkeit Hosting Gebühren zu verringern 12
    Ihre WordPress-Website desinfizieren 12
        Sonderfall: Aktualisierungen von Plugins 15
        Sonderfall: Versionswechsel 16
    Eigene Themes und/oder eigene Plugins auf dem PC testen 17
    Weitere Argumente für eine Installation von WordPress auf dem PC 17
XAMPP herunterladen, installieren und einstellen 17
    XAMPP herunterladen 18
    XAMPP installieren 19
    XAMPP kann nur mit Administratorenrechten gestartet werden 29
    XAMPP einstellen 30
        Apache und MySQL beim Aufruf von XAMPP automatisch starten 32
    Starte das Programm aus Deinem XAMPP Basisverzeichnis 35
    XAMPP an Taskleiste anheften 36
    Deinstallation von XAMPP 37
        Uninstallation completed 38
Datenbank für WordPress anlegen 41
    Datenbank für WordPress erstellen 41
        Zeichencodierung/Zeichensatz/Kollation 43

Der Name der Datenbank 45

Der PC als Localhost und die IP-Adresse 127.0.0.1 47

Datenbank für WordPress löschen bzw. entfernen 48

WordPress auf dem PC installieren 50

WordPress herunterladen und entpacken 50

Das Verzeichnis für WordPress in XAMPP 52

Die Datenbank für WordPress mit WordPress verbinden 54

Benutzername und Passwort für die Datenbank 56

Tabellen-Präfix 58

Installation von WordPress 60

Die Anmeldung bei WordPress auf dem PC 65

Das frisch installierte WordPress auf dem PC 69

WordPress auf dem PC deinstallieren 71

Aus WordPress auf dem PC ein Transportpaket schnüren 71

Mit Duplicator ein Archiv bzw. ein Backup erstellen 73

FileZilla als Transportvehikel 81

Herunterladen und Installation von FileZilla 81

FileZilla für Transporte in den Webspace einstellen 85

Verbindung zum Server des Hosters herstellen 86

Den Verbindungsaubau zum Server des Hosters vereinfachen 90

Die Verbindungsdaten für den Server des Hosters fest hinterlegen 90

Die Verzeichnisse für den Transport von WordPress fixieren 95

WordPress vom PC auf den Server des Hosters transportieren 98

Das WordPress von dem PC im Webspace installieren 101

Vermeidung der Meldung: packaged zip file was not found 102

Start der Installation von dem WordPress von meinem PC im Webspace 102

    Die Warnmeldung bei PHP Open Base 105

    Warnmeldung: Overwrite Install 106

    WordPress auf dem Server des Hoster löschen 107

Zweiter Start der der Installation von dem WordPress von meinem PC im Webspace 109

    Die Archiv-Datei auf dem Server des Hosters entpacken 109

    Datenbank für WordPress auf dem Server des Hosters installieren 110

Zwei Mal WordPress in einem XAMPP-Paket installieren 119

Eine WordPress-Website innerhalb des PCs transportieren 127

Transport von WordPress im Webspace auf den PC 134

    WordPress vom Webspace in ein leeres Verzeichnis oder in ein Verzeichnis mit WordPress 135

    Archiv (Backup) im Webspace erstellen 136

    Warnmeldung: PHP Version Mismatch 137

    Installation des WordPress vom Webspace auf dem PC 138

Schlusswort 144

Literaturempfehlungen 144

Haftungsausschlüsse 147

Vorwort

Es gibt 2 Möglichkeiten: Ihr WordPress ist noch nicht im Webspace oder Ihr WordPress befindet sich schon im Webspace. Beide Fallkonstellationen werden besprochen.

Das Buch könnte auch für diejenigen interessant sein, die WordPress schon auf dem PC haben und gerne wissen möchten, wie man 2 Mal WordPress auf dem PC installieren kann.

Aber in erster Linie wendet sich das Buch an diejenigen, die noch nicht WordPress auf dem PC haben.

Die vielen Screenshots nebst Text in diesem Buch führen Sie schnell und damit auch direkt zu einem funktionsfähigen WordPress auf Ihrem PC. Damit Sie WordPress als Testsystem auf Ihrem PC benutzen können. Das bedeutet auch, dass es Ausführungen zu Komponenten wie z. B. Apache oder MySQL nur insoweit gibt, wie das unbedingt erforderlich ist.

Auf einige mögliche Fehlermeldungen, Warnmeldungen und Probleme wird allerdings hingewiesen.

In diesem Buch wird die Installation von WordPress auf einem PC mit Windows 10 erklärt. WordPress kann aber auch auf einem Linux-PC oder auf einem PC mit dem Betriebssystem macOS (früher Mac OS X und OS X) installiert werden. Soweit ersichtlich, berichten die Kollegen dabei nicht von spezifischen Betriebssystemproblemen. Die unterschiedlichen Bezeichnungen wie LAMPP (Linux), MAMPP (MAC) bzw. WAMPP (Windows) wurden ohnehin aufgegeben. Alle Pakete werden nur noch als XAMPP bezeichnet.

Ist WordPress auf dem PC erfolgreich getestet worden, besteht sicher in vielen Fällen der Wunsch, das WordPress auf dem PC mitsamt der Datenbank für WordPress in den Webspace bzw. auf den Server des Hosters zu transportieren. Auch hier zeigen die Erläuterungen mit ihren vielen Screenshots den kürzesten Weg zum Ziel. Programme wie z. B. Duplicator oder FileZilla werden daher nur in dem Rahmen vorgestellt, wie es zur Erreichung dieses Zieles erforderlich ist. Das Programm „FileZilla" gibt es auch für Linux und macOS. Dieses Buch berichtet nicht aus dem Elfenbeinturm der Wissenschaften.

Ihre knappe Zeit soll dem Schreiben von Beiträgen und Seiten vorbehalten bleiben.

Der Ordnung halber erwähne ich hier kurz die Versionen, der in diesem Buch erwähnten Programme. Obwohl die Versionsnummern relativ bedeutungslos sind.

XAMPP 7.3.11

WordPress 5.3 – 5.3.2

Duplicator 1.3.24

FileZilla 3.46.0

Warum man WordPress auf dem PC installieren sollte

Es gibt WordPress-Hoster, die mit einer Ein-Klick-Installation von WordPress im Webspace werben. Mit Hilfe dieses Buches müssten Sie WordPress als Testsystem für das WordPress Ihres Hosters im Webspace benutzen können. Aber eine Ein-Klick-Installation ist das definitiv nicht, wenn Sie WordPress auf dem PC installieren. Allerdings sind Programmierkenntnisse für diese Installation nicht erforderlich.

Warum sich also die Mühe machen, WordPress auf dem PC zu installieren? Ich könnte es mir an dieser Stelle einfach machen, indem ich darauf verweise, dass selbst einige Hoster die Installation von WordPress auf dem PC empfehlen. Zudem die Stichwörter „WordPress als Testsystem auf dem PC" schon gefallen sind.

WordPress testen, bevor man einen kostenpflichtigen Webspace anmietet

Das ist sicher nicht das beste Argument. Zum einen wird auch kostenloses Hosting mit unterschiedlicher Qualität angeboten. Zum anderen gibt es WordPress-Hoster, die z. B. einen Test-Account für 45 Tage kostenlos anbieten.

Sie bestimmen wann WordPress aktualisiert wird

Wenn Sie WordPress auf Ihrem PC haben, können Sie bestimmen, wann was aktualisiert wird. Damit werden Sie die Rolle als Versuchskaninchen los.

Beispiel: Der Sprung auf die WordPress-Versionen 5.0 oder höher verlief nicht in allen Fällen problemlos (siehe die vielen Beiträge zu diesem Thema im Internet).

Das ist übrigens auf anderen Gebieten auch so, dass Aktualisierungen risikobehaftet sein können. Ich habe von Leuten gehört, dass deren Smart-TV kein Bild zeigte, nachdem Android für den Fernseher aktualisiert worden war. Gott sei Dank war dann alles in Ordnung, nachdem der Receiver resettet worden war. Den Netzstecker aus dem Receiver zu ziehen, brachte in diesen Fällen nichts. Ein Neustart ist nämlich nicht zwangsläufig ein Reset.

Möglichkeit Hosting Gebühren zu verringern

Es gibt WordPress-Hoster, die kostenpflichtig als zusätzlichen Service für WordPress, Plugins und Themes Aktualisierungen vornehmen und die Sicherheit der Webpage überwachen.

Kümmern Sie sich selber um Aktualisierungen und um die Sicherheit Ihrer Webpage, können Sie möglicherweise noch Geld einsparen.

Wird der Server Ihres Hosters mit „Distributed-Denial-of-Service attacks" - also mit Anfragen - bombardiert, wird Ihr Hoster ohnehin schon aus Eigeninteresse handeln und eingreifen, damit sein Server nicht in die Knie geht.

Ihre WordPress-Website desinfizieren

Ist Ihre Webpage im Webspace in irgendeiner Art und Weise infiziert, können Sie mit dem kompletten WordPress-Austausch diese Infektionen loswerden. Indem Sie im Webspace alles löschen und durch das WordPress vom PC somit komplett ersetzen. Hier mal eine Hausnummer:

Dieser Austausch dauert bei ItDoor circa 15 Minuten. Die Zip-Datei von dem Plugin „Duplicator" ist circa 250 MB groß und ist dann schon zum Zwecke des Austausches mit dem Programm „FileZilla" in den Webspace transportiert worden (siehe Kapitel „WordPress vom PC auf den Server des Hosters transportieren").

Natürlich könnte man einwenden, dass Ihr WordPress auf dem PC bereits infiziert sein könnte. Doch welcher der Verbreiter von Schadsoftware weiß, dass SIe WordPress auf Ihrem PC installiert haben?

Ist das nicht bekannt, kann WordPress auch nicht gezielt auf Ihrem PC angegriffen werden. Ihre WordPress-Website ist dagegen weltweit zu sehen. Ich habe übrigens auch Leser aus Nordkorea. Ist Ihr PC infiziert, muss damit nicht zwangsläufig WordPress auf Ihrem PC infiziert sein.

Windows und XAMPP und damit WordPress sind nicht sehr stark verknüpft. Sie können XAMPP mit WordPress wie eine Word-Datei einfach von einer Festplatte auf eine andere Festplatte kopieren.

Zudem haben Sie im Internet Angriffe auf Ihre WordPress-Website, die Sie so nicht auf Ihrem PC haben werden:

- 41% der WordPress-Angriffe werden durch eine Schwachstelle auf der Hosting-Plattform verursacht.
- 52% der WordPress-Schwachstellen beziehen sich auf WordPress-Plugins.
- 84% aller Sicherheitsrisiken im Internet sind das Ergebnis von Cross-Site-Scripting oder XSS-Angriffen.
- 39% der WordPress-Schwachstellen sind auf Cross-Site-Scripting (XSS) zurückzuführen, 37% auf Ausbeutungen des WordPress-Kerns und 11% der Angriffe auf WordPress-Themes.
- 44% des Hacking wurde durch veraltete WordPress-Seiten verursacht.

(Quelle: https://kinsta.com/de/blog/wordpress-statistiken/)

Wie gesagt: Wer weiß denn schon, dass Sie WordPress auf Ihrem PC haben?

Ist also WordPress auf ihrem PC nicht infiziert und Ihre WordPress-Website (möglicherweise) infiziert, haben Sie mit dem Transport von WordPress von Ihrem PC in den Webspace Ihre WordPress Website desinfiziert. Das Wort „möglicherweise" habe ich hinzugefügt, da man nicht in allen Fällen davon ausgehen kann, dass entdeckt wird, dass die WordPress-Website infiziert ist.

Ist Ihre WordPress-Website im Webspace infiziert, bedeutet das nicht, dass nun gar nichts mehr geht und Ihre WordPress-Website völlig in sich zusammenbricht.

Es kann nur auch sein, dass bei einem Plugin nur eine Funktion nicht mehr richtig funktioniert.

Beispiel: Ihr Statistik-Plugin zählt die Anzahl der Besucher nicht mehr richtig.

Ist WordPress auf Ihrem PC doch infiziert und entdecken Sie das nachträglich, reinigen Sie WordPress auf Ihrem PC und transportieren Sie das desinfizierte WordPress in den Webspace.

Haben Sie aber nur WordPress im Webspace, können Sie WordPress nicht so einfach austauschen. Haben Sie ein Backup von dem WordPress im Webspace, wäre zu prüfen, ob dieses Backup nicht auch schon infiziert ist. Falls das Backup auch infiziert ist, was machen Sie dann? Ein altes Backup verwenden, in dem Ihre neuesten Beiträge, Seiten und Einstellungen nicht enthalten sind.

Bei dem WordPress auf Ihrem PC haben Sie zwangsläufig den aktuellsten Stand, da Sie dann auf dem PC Ihre Beiträge und Ihre Seiten schreiben. Das bedeutet aber auch, dass die (mögliche) Desinfizierung der WordPress-Website grundsätzlich nur ein Mitnahmeeffekt ist. Wer alle 2 Wochen oder noch öfter neue Beiträge oder Seiten veröffentlicht, die er vorher in dem WordPress auf seinem PC geschrieben hatte, wird zwangsläufig keine lang anhaltende Infektion seiner WordPress-Website erleiden. Da alle 2 Wochen oder öfter ein Komplettaustausch von WordPress stattfindet.

Sonderfall: Aktualisierungen von Plugins

Plugins wie z. B. Yoast SEO, Duplicator und Shield Security bieten einem gefühlt alle 2 Wochen eine Aktualisierung an. Was da aktualisiert wird und damit auch teilweise verbessert wird, ist für mich nicht immer ganz klar.

Alleine schon deswegen, gehe ich bei der Aktualisierung von Plugins einen anderen Weg. Ich teste nämlich die neueste Version von Plugins im Webspace. Und zwar kurz bevor, bevor ich das gesamte WordPress wegen meiner neuen Beiträge und Seiten – also wegen des neuen Contents – vom PC in den Webspace transportiere.

Die neuesten Versionen der Plugins im Webspace überprüfe ich kurz, ob sich bei gleichen Voreinstellungen offensichtlich etwas geändert hat. Z. B. das Design von neuen Masken. Das kann man natürlich akribischer machen. Aber es ist mir zeitlich zu aufwendig, alle 2 Wochen zu überprüfen, ob für irgendeinen Spezialfall eine neue Funktion hinzugekommen ist. Ich müsste dann noch zusätzlich prüfen, ob durch die Aktivierung der neuen Funktion die bereits benutzten Funktionen in irgendeiner Art und Weise beeinträchtigt werden. Da sich das nicht pauschal ausschließen lässt. Mit dieser oberflächlichen Verfahrensweise fahre ich schon seit Jahren gut. Insbesondere deswegen, weil ich die neuen Versionen der Plugins im Webspace mit dem kleinen Plugin „Query Monitor" teste.

Meldet Query Monitor beim Aufruf des Plugins einen PHP-Error oder einen SQL-Error, ist mir die zweitneueste Version des Plugins auf dem PC gut genug. Das bedeutet, dass ich auf dem PC das Plugin nicht aktualisiere. Transportiere ich dann WordPress vom PC in den Webspace, habe ich im Webspace wieder die zweitneueste Version des Plugins, die keine Error-Meldungen generiert.

Ich muss nicht immer von allem das Neueste haben. Brot sollte möglichst frisch sein! Aber auch nur so frisch, dass die Brotscheiben beim Schneiden nicht aneinanderkleben.

Sollte ich mit diesem Prüfungsansatz mal auf die Nase fallen, bleibt mir noch die Möglichkeit in einigen Fällen, ein nicht funktionierendes Plugin durch ein funktionierendes Plugin auszutauschen.

Beispiel: Ich ersetze Slimstat Analytics durch WP Statistics oder umgekehrt.

Sonderfall: Versionswechsel

Beispiel: Versionswechsel bei WordPress von 4.9.12 auf 5.3.2

Es bietet sich an, erstmal im Webspace die neue Version auszuprobieren. Kurz bevor Sie WordPress von dem PC in den Webspace transportieren wollen.

Gibt es Probleme im Webspace mit der neuen Version, transportieren Sie ihre alte Version 4.9.12 mit den neuesten Inhalten in den Webspace. Die Version 5.3.2 gibt es dann nicht mehr im Webspace.

Sind Sie sich sicher, dass die neueste WordPress-Version im Webspace funktioniert, können Sie dann (nachträglich) bei Ihrem WordPress auf dem PC den Versionswechsel durchführen.

Oder Sie transportieren Ihr WordPress vom Webspace auf Ihren PC, um auf Ihrem PC WordPress zu aktualisieren. Dort können Sie dann in aller Ruhe die neueste Version von WordPress prüfen.

Wie Sie WordPress vom Webspace auf Ihren PC transportieren, erfahren Sie in dem Kapitel „Transport von WordPress im Webspace auf den PC".

Eigene Themes und/oder eigene Plugins auf dem PC testen

Es gibt Hoster, bei denen Sie keine eigenen Plugins und/oder keine eigenen Themes installieren dürfen. Vielleicht ist der Hoster verhandlungsbereit, wenn Sie darauf hinweisen, dass Sie das eigene Plugin und/oder das eigene Theme bereits auf dem PC getestet haben?

Weitere Argumente für eine Installation von WordPress auf dem PC

- Neue Funktionen des verwendeten Themes testen
- Andere Themes ausprobieren
- Persönliche CSS-Anpassungen zu testen

Wahrscheinlich gibt es noch weitere Argumente für eine Installation von WordPress. Daher erhebe ich keinen Anspruch auf Vollständigkeit.

Nicht nur in diesem Kapitel, sondern im gesamten Buch gehe ich übrigens davon aus, dass Ihr Hoster Ihnen - wie oben skizziert - den kompletten Austausch von WordPress erlaubt.

XAMPP herunterladen, installieren und einstellen

Dieses Kapitel beschäftigt sich mit dem Programm XAMPP. XAMPP wird in diesem Buch verwendet, um WordPress auf Ihrem PC zum Laufen zu bringen. Daher wird erst das Programm-Paket XAMPP vorgestellt, bevor erklärt wird, wie man WordPress auf dem PC installiert.

XAMPP herunterladen

Der erste Schritt ist natürlich der Download von XAMPP. Dies ist die URL für den Download von XAMPP.

- https://www.apachefriends.org/de/download.html

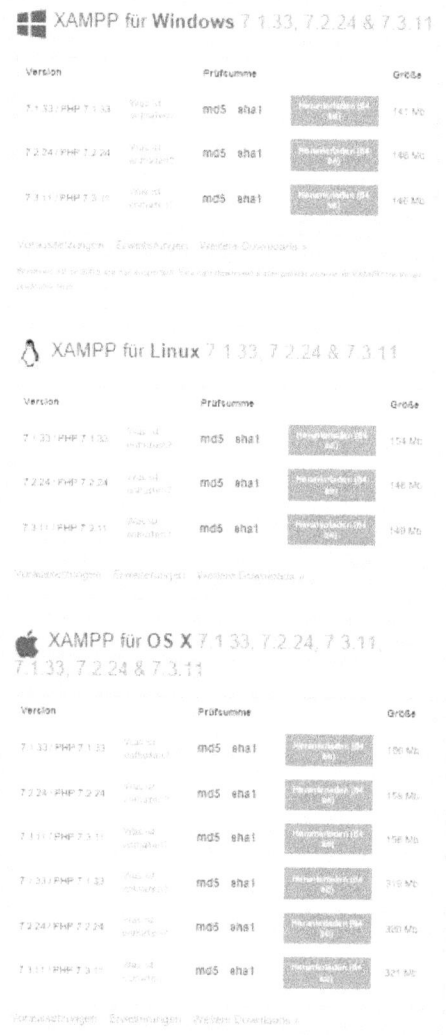

Abbildung 1 XAMPP gibt es für 3 verschiedene Betriebssysteme

Wie Sie sehen, gibt es XAMPP für 3 verschiedene Betriebssysteme.

Ich suche mir XAMPP für Windows mit der PHP-Version 7.3.11 aus. Also das aktuellste XAMPP für Windows.

Im Jahr 2017 gab es bereits XAMPP mit der PHP-Version 7.1.1. PHP wird also weiterentwickelt. Aber nicht so, dass PHP und damit XAMPP bereits z. B. nach einem Jahr schon hoffnungslos veraltet ist.

Auf der o. g. Webpage steht noch:

Windows XP or 2003 are not supported. You can download a compatible version of XAMPP for these platforms here.

Wer also noch mit einer recht alten Windows-Version arbeitet, kann anscheinend auch bedient werden, wenn er auf „here" klickt.

Gelingt der Download von XAMPP bei der o. g. Webpage nicht, kann von hier XAMPP herunterladen.

- https://sourceforge.net/projects/xampp/files/

Nach einer Sicherheitsüberprüfung von Windows 10 erhalte ich die Datei „xampp-windows-x64-7.3.11-0-VC15-installer.exe" mit einer Größe von circa 149 MB.

XAMPP installieren

Die Datei „xampp-windows-x64-7.3.11-0-VC15-installer.exe" führe ich nun aus.

Als Erstes stellt mir XAMPP eine Frage.

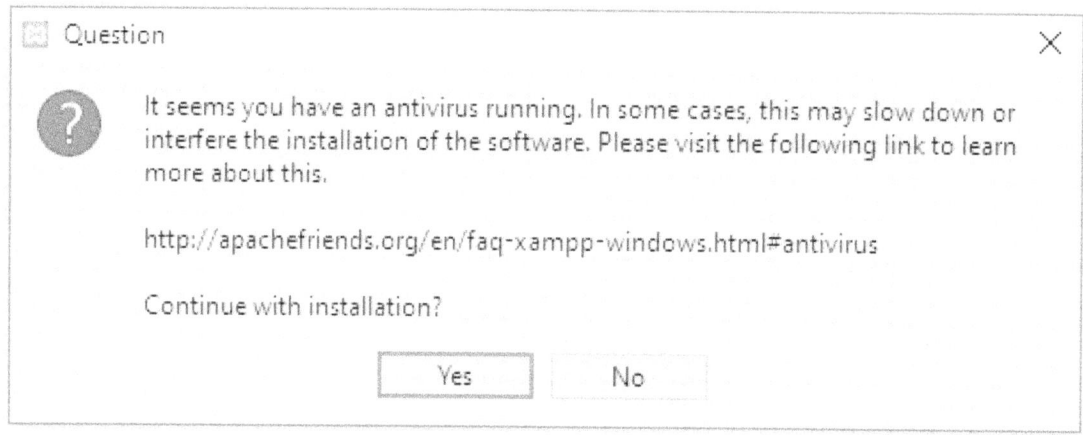

Abbildung 2 XAMPP: Antivirenprogramm läuft

Ich beantworte die Frage, indem ich auf den Button „YES" klicke.

Ferner kommt diese Meldung von Windows 10.

Die Verbindung mit Smartscreen ist zurzeit nicht möglich.

Das beutet, dass nicht ermittelt werden kann, ob die Ausführung dieser App zulässig ist. Ich hatte nach dem Download von XAMPP die Verbindung zum Internet getrennt.

Folglich schließe ich meinen PC wieder an das Internet an und klicke bei diesem Pop-up auf den Button „Ausführen".

Bei der hier beschriebenen Installation erhalte ich von XAMPP diese Warnung.

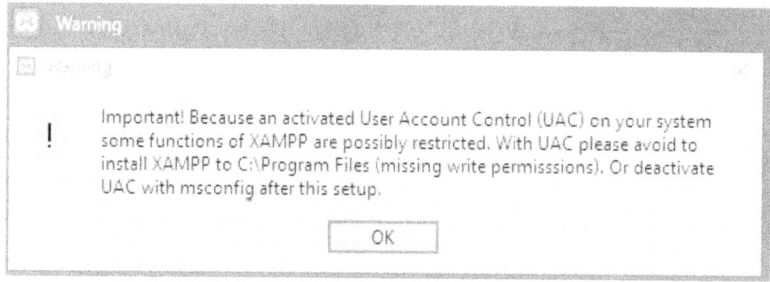

Abbildung 3 Warnung von XAMPP wegen UAC

Bei einer Installation von XAMPP im Jahr 2017 erschien ebenfalls diese Maske. Ich hatte mich danach nie um das Thema „UAC" gekümmert. Diese XAMPP-Installation läuft seitdem bei mir problemlos.

Ich klicke daher auf den Button „OK". Danach bietet mir XAMPP diese Maske an.

Abbildung 4 Der XAMPP Setup Wizard

Da ich XAMPP installieren möchte, klicke ich auf den Button „Next".

Danach erscheint diese Maske.

Abbildung 5 XAMPP Select Components

Auch hier kann ich es mir einfach machen. Ich klicke auf den Button „Next". Die dann erscheinende Maske stellt mich ebenfalls nicht vor Probleme.

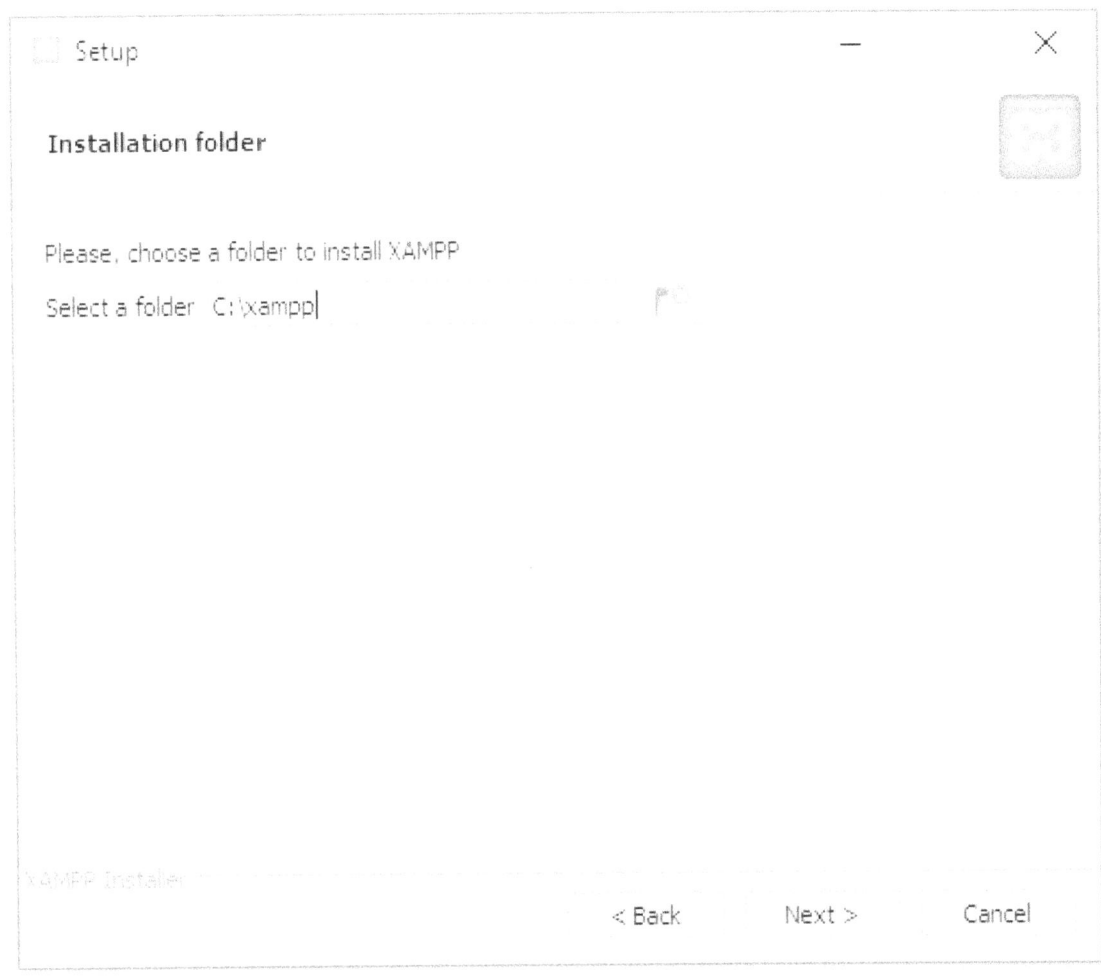

Abbildung 6 XAMPP Installationsverzeichnis auswählen

Wie bisher auch, klicke ich auf den Button „Next". Der Inhalt der nächsten Maske interessiert mich nicht.

Abbildung 7 XAMPP Werbung für Bitnami

Folglich klicke ich auch hier auf den Button „Next".

Auch die nächste Maske stellt sich nicht als eine Hürde dar.

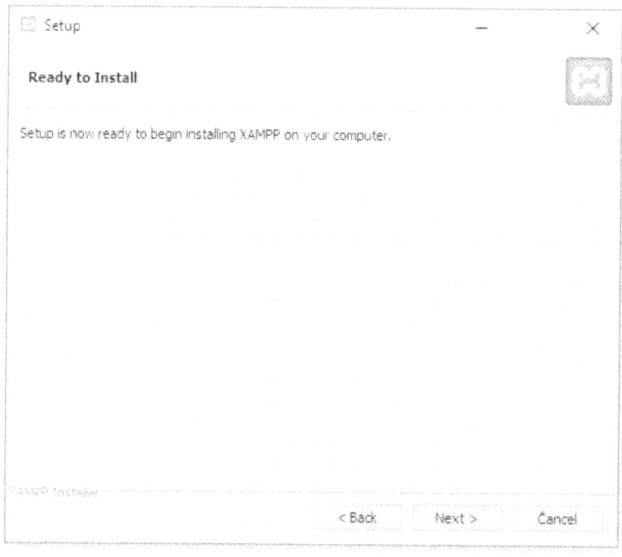

Abbildung 8 XAMPP: Die Installation kann nun beginnen

Wieder klicke ich auf den Button „Next". Im Folgenden beschäftigt sich XAMPP mit „Unpacking Files". Also mit dem Entpacken von Dateien.

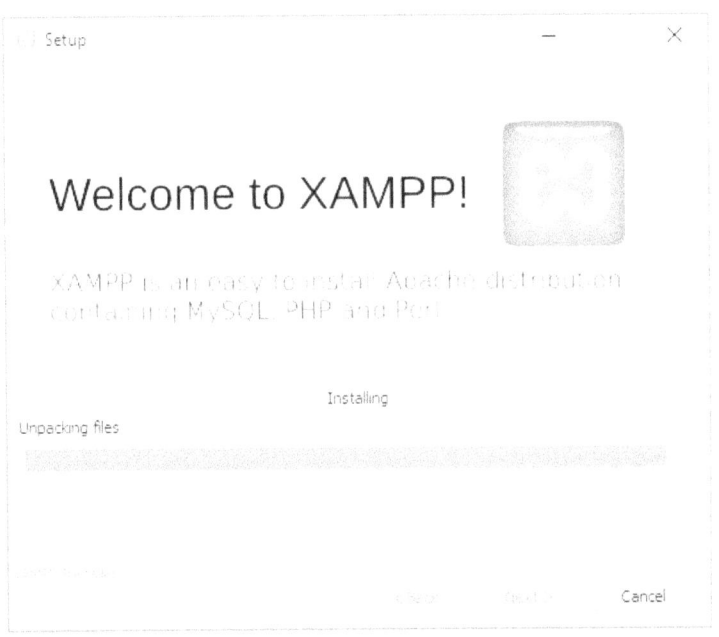

Abbildung 9 XAMPP entpackt Dateien

Bei meinem kleinen Test-PC mit nur 4 GB Arbeitsspeicher hat übrigens die Installation von XAMPP etwas über 10 Minuten gedauert. Das ist natürlich nur ein grober Anhaltspunkt, da die Installationsdauer bei jedem PC verschieden sein wird.

Zwischendurch nervte noch die Windows Defender Firewall mit diesem Pop-up. Bei einer Installation von XAMPP im Jahr 2017 kam diese Meldung noch nicht.

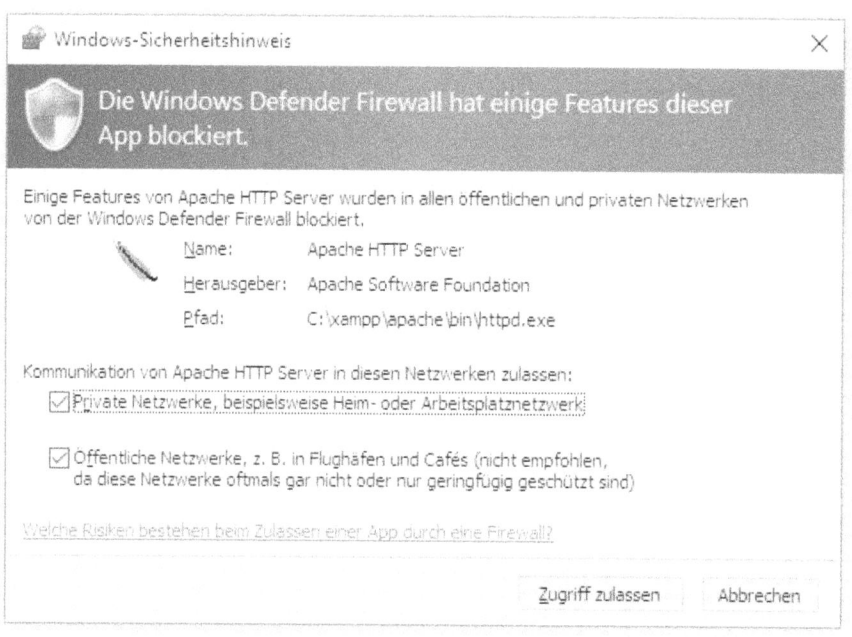

Abbildung 10 Windows Defender Firewall blockiert Teile von Apache

Das Häkchen bei öffentlichen Netzwerken war schon gesetzt. Für private Netzwerke habe ich das Häkchen gesetzt. Danach ein Klick auf den Button „Zugriff" zulassen.

Abbildung 11 Die Installation von XAMPP ist fast beendet

Wie sehen, ist die Installation von XAMPP jetzt so gut wie beendet. Das voreingestellte Häkchen bei „Do you want to start the Control Panel" akzeptiere ich und klicke daher auf den Button „Finish".

Danach erscheint ein Pop-up, bei dem ich zwischen 2 verschiedenen Sprachen auswählen kann.

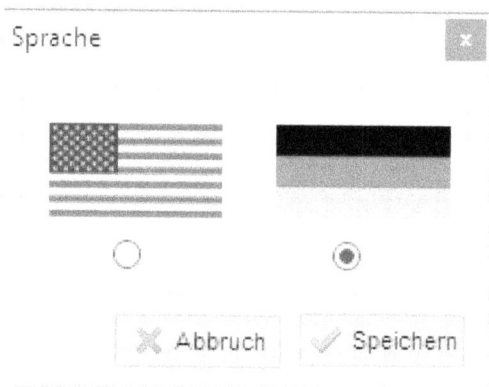

Abbildung 12 Sprachenauswahl bei XAMPP

Da mir hier die deutsche Sprache vorgeschlagen wird, klicke ich auf den Button „Speichern".

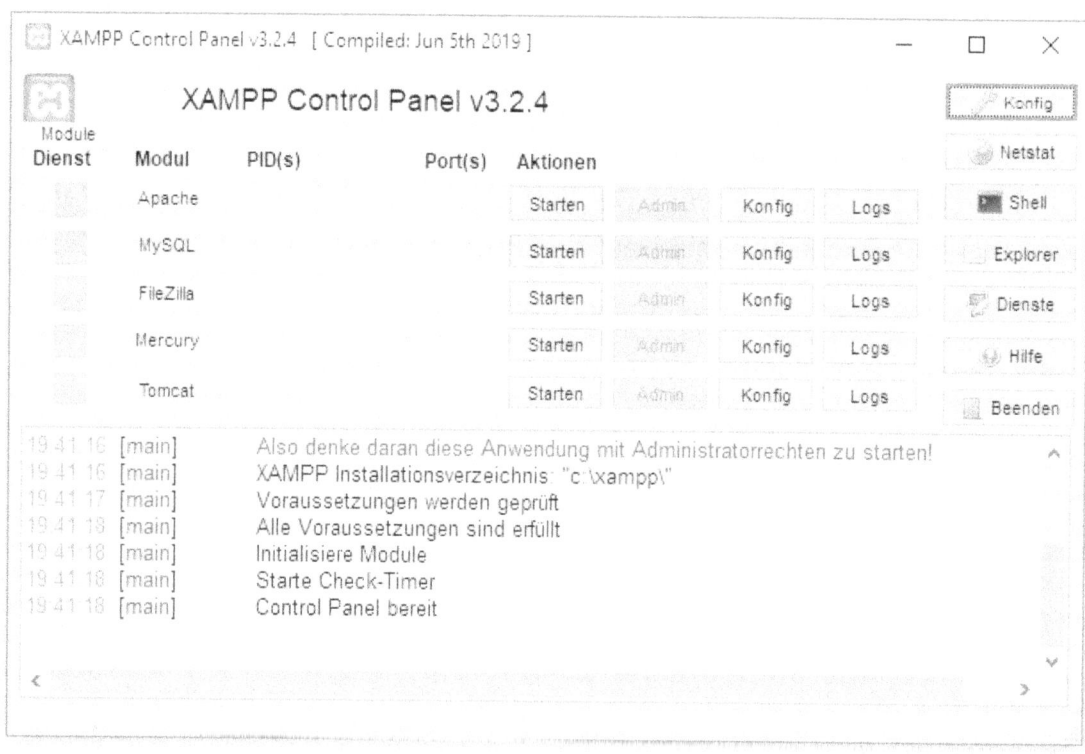

Abbildung 13 XAMPP Control Panel Version 3.2.4

Die recht einfache Installation von XAMPP ist also beendet. Ich hatte mal eine Installation von XAMPP mit [Compiled:Nov 12th 2015]. Damals handelte es sich um die Version 3.2.2 des XAMP Control Panels. XAMPP wird also weiterentwickelt. Aber Gott sei Dank nicht so, dass eine Installation von XAMPP z. B. nach einem Jahr hoffnungslos überaltert ist.

XAMPP kann nur mit Administratorenrechten gestartet werden

Der Hinweis, dass XAMPP nur mit Administratorrechten gestartet werden kann, ist korrekt. Bei den Einstellungen von Windows 10 klicke ich auf Konten.

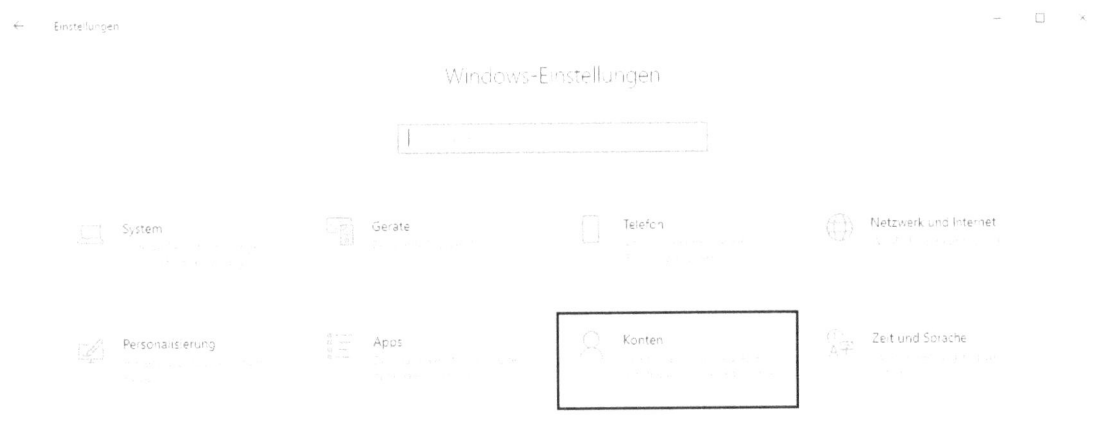

Abbildung 14 Benutzerkonten bei Windows 10

Danach sehe ich bei „Ihre Infos", dass es bisher nur einen Benutzer gibt, den Benutzer Admin. Wie der Name des Benutzers schon vermuten lässt, hat dieser Benutzer Administratorenrechte. Wer seinen PC alleine nutzt, kommt mit dem nach der Installation von Windows bereitgestellten Benutzer „Admin" gut zurecht.

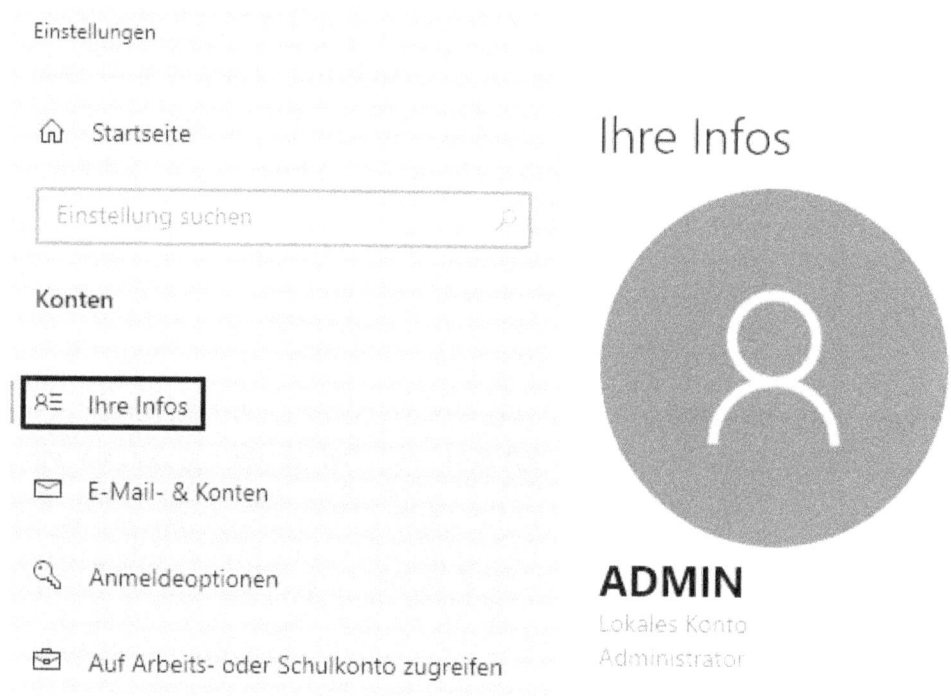

Abbildung 15 Windows 10: Im Augenblick gibt es nur den Benutzer „Admin"

Werden dennoch in Windows weitere Benutzer ohne Administratorenrechte angelegt, muss dafür sorgen, dass der Administrator XAMPP ausführt.

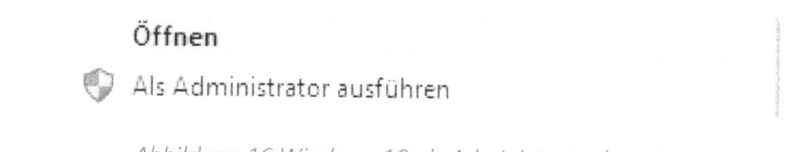

Abbildung 16 Windows 10 als Administrator benutzen

XAMPP einstellen

Wie bei anderen Programmen auch üblich, sind nach der Installation des Programmes einige Einstellungen vorzunehmen. Damit das Programm möglichst gut benutzt werden kann.

Da es sich um eine Installation auf dem PC handelt, vergebe ich kein Passwort für den MySQL-Bereich und ich erstelle auch keinen Verzeichnisschutz für das XAMPP-Verzeichnis.

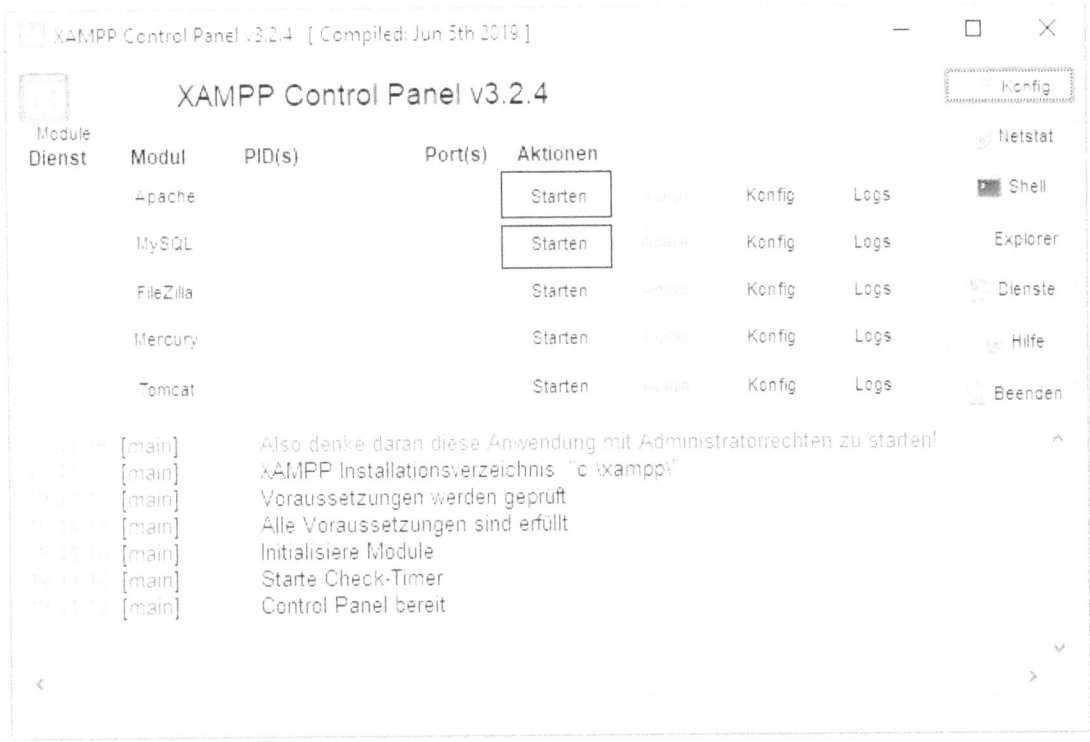

Abbildung 17 Bei XAMPP Apache und MySQL starten

Damit nun XAMPP funktioniert, klicke ich in den Zeilen „Apache" und „MySQL" jeweils auf den Button „Starten".

Danach erhalte ich im XAMPP Control Panel Meldungen, dass Apache und MySQL gestartet worden sind.

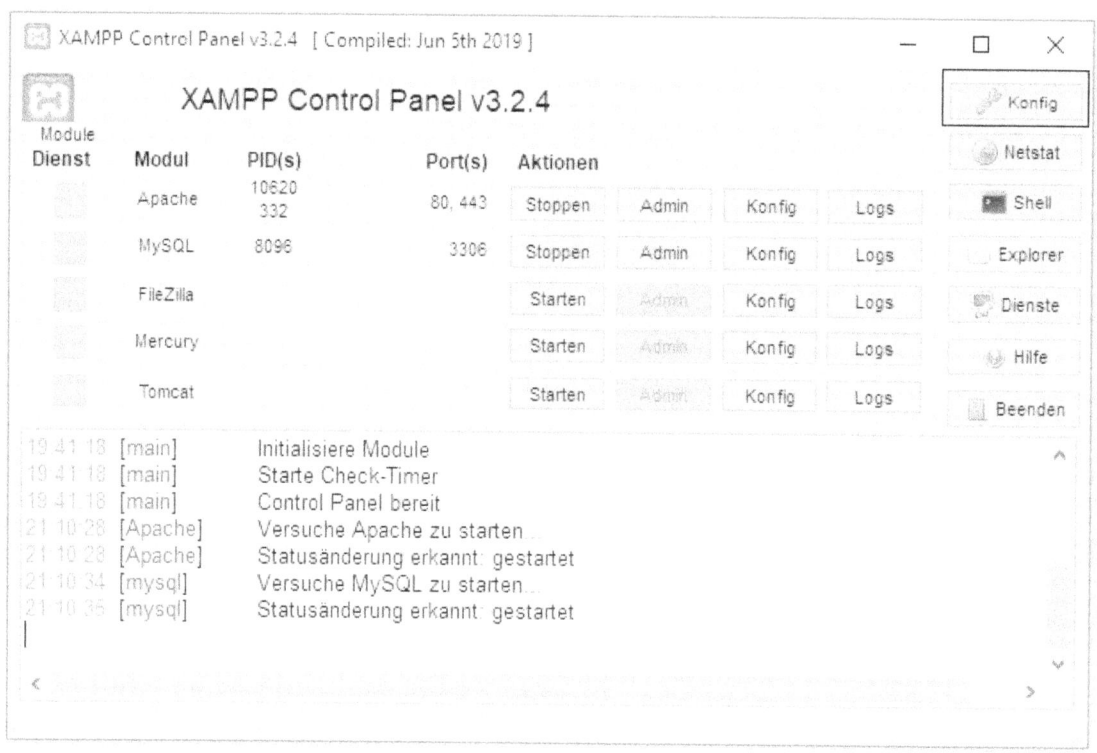

Abbildung 18 XAMPP Control Panel: Apache und MySQL sind gestartet

„Statusänderung erkannt: gestartet" bedeutet, dass das in der Zeile darüber genannte Modul gestartet worden ist.

Ferner sehen Sie hier, dass die Spalte „PID(s)" bei Apache und MySQL gefüllt ist.

Apache und MySQL beim Aufruf von XAMPP automatisch starten

Damit ich nicht bei jedem Aufruf Apache und MySQL starten muss, stelle ich XAMPP so ein, dass bei jedem Aufruf von XAMPP Apache und MySQL automatisch starten.

Dafür klicke ich oben rechts auf den Button „Konfig". Anschließend erhalte ich das Pop-up „Konfiguration des Control Panels".

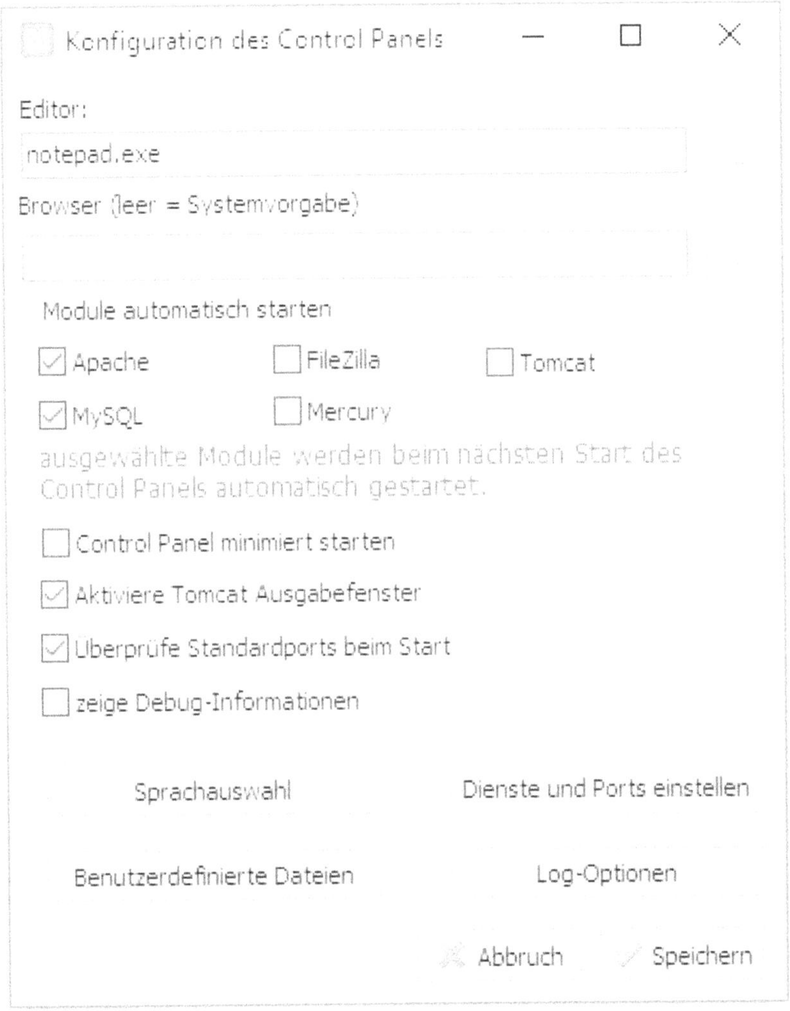

Abbildung 19 Apache und MySQL automatisch starten

Hier setze ich ein Häkchen bei „Apache" und bei „MySQL", damit diese beiden Module beim nächsten Aufruf von XAMPP automatisch gestartet werden. Die übrigen Häkchen in diesem Pop-up waren bereits gesetzt. Ich ändere daran nichts. Danach klicke ich auf den Button „Speichern".

Dadurch ändert sich erstmal nichts im Control Panel. Wenn Sie XAMPP schließen und dann wieder aufrufen, kann das Control Panel so aussehen.

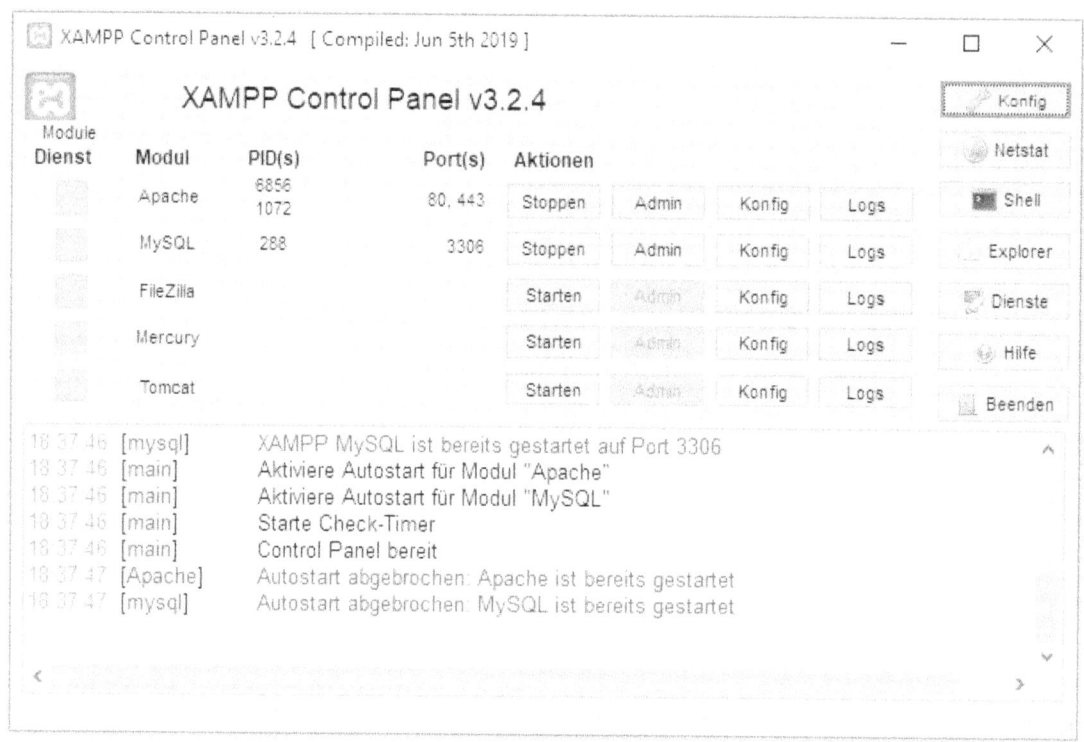

Abbildung 20 Erste Meldung nach Autostart von Apache und MySQL

Lassen Sie sich dadurch nicht irritieren. Spätestens wenn Sie den PC einmal runter- und hochgefahren haben, sieht das Control Panel dann so aus.

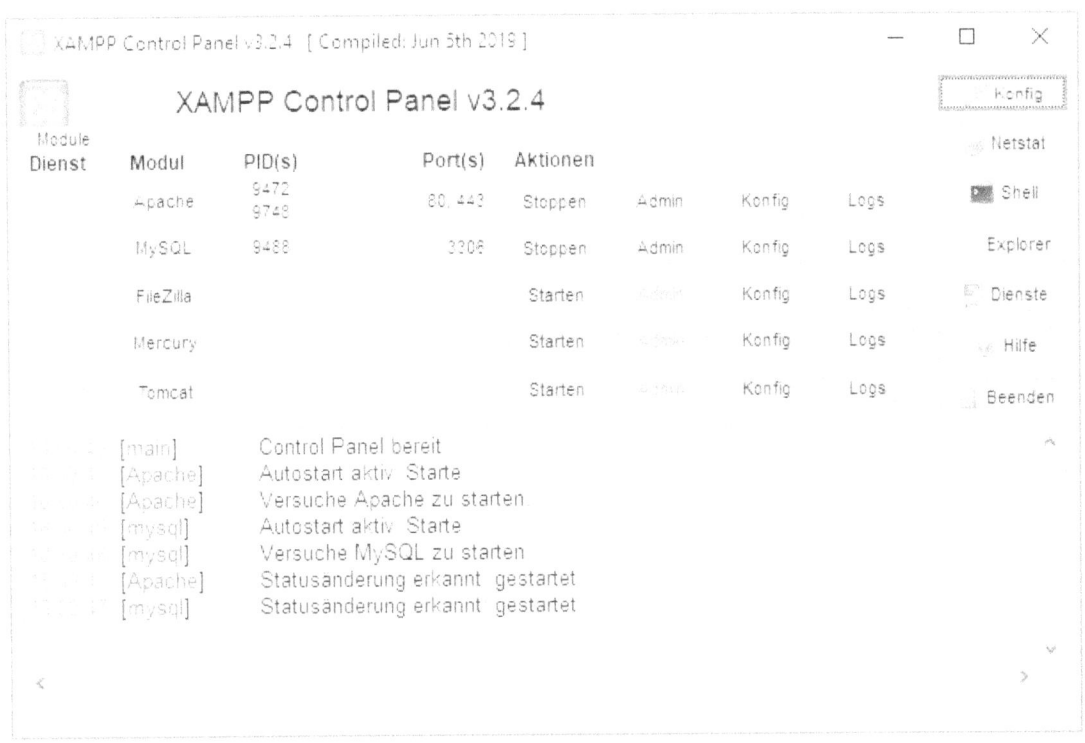

Abbildung 21 Control Panel von XAMPP bei Autostart von Apache und MySQL

Sieht das Control Panel bei Ihnen so aus, können Sie sicher sein, dass Sie den Autostart von Apache und MySQL korrekt eingestellt haben. Das Control Panel sieht übrigens auch dann so aus, wenn vorher das Programm „Skype" gestartet worden ist. Das ist gut so. Denn früher musste man Skype Classic so einstellen, dass es nicht wie Apache auch die Ports 80 und 443 benutzt.

Starte das Programm aus Deinem XAMPP Basisverzeichnis

Es kann vorkommen, dass in der ersten Zeile des XAMPP Control Panels die folgende Meldung in roter Schrift steht:

[filezilla] Starte das Programm aus Deinem XAMPP Basisverzeichnis

Die Meldung kam bei mir mal, als in Windows bei „Ausgeblendete Symbole einblenden" mehrere Symbole für das XAMPP Control Panel vorhanden waren. Ich habe dann dort die Anzahl der Symbole auf 1 reduziert. Die Meldung erschien dann immer noch, obwohl ich das XAMPP Control Panel neu gestartet hatte.

Ein anderes Mal kam diese Meldung, weil ich mich in phpMyAdmin reingeklickt hatte (siehe Kapitel Datenbank für WordPress erstellen"). Das Programm jedes Mal aus dem Basisverzeichnis heraus zu starten, ist mir zu viel Aufwand.

Spätestens wenn ich das nächste Mal den PC herunterfahre und wieder neu starte, ist die Meldung verschwunden. Das ist sicher keine sehr intellektuelle Lösung, aber sie funktioniert. Man muss nicht immer nach einer Erklärung graben. Das ist gesunder Pragmatismus. Zumal Sie im Internet auf die Schnelle kaum eine brauchbare Erklärung finden werden.

XAMPP an Taskleiste anheften

Um auch den Aufruf von XAMPP bequemer zu gestalten, hefte ich XAMPP an die Taskleiste.

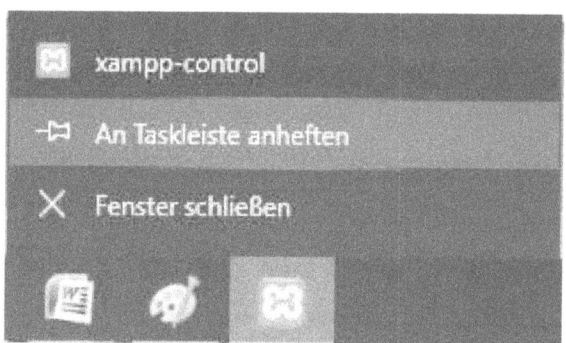

Abbildung 22 XAMPP an die Taskleiste anheften

Sie können XAMPP natürlich erst später an die Taskleiste anheften. Sie würden dann die Datei „xampp-control.exe" dafür benutzen.

Denn nur wenn XAMPP aufgerufen ist und Apache und MySQL gestartet worden sind, läuft WordPress auf ihrem PC. Jedes Mal wenn Sie den PC herunterfahren – z. B. jeden Abend (um Strom zu sparen), wird XAMPP beendet.

Um bei dem Beispiel zu bleiben: Jeden Morgen müssen Sie dann XAMPP aufrufen und Apache und MySQL starten. Daher ist es sinnvoll, diese Vorgänge so bequem wie möglich zu gestalten.

Hinweis:

Wenn WordPress mal nicht auf Ihrem PC läuft, schauen Sie bitte als erstes nach, ob XAMPP bzw. das XAMPP Control Panel von Ihnen aufgerufen worden ist.

Deinstallation von XAMPP

Im Installationsverzeichnis von XAMPP gibt es eine uninstall.exe-Datei. Ich führe diese Datei aus. Danach erscheint diese Maske.

Abbildung 23 Uninstallmaske von XAMPP

Ferner erscheint noch dieses kleine Pop-up.

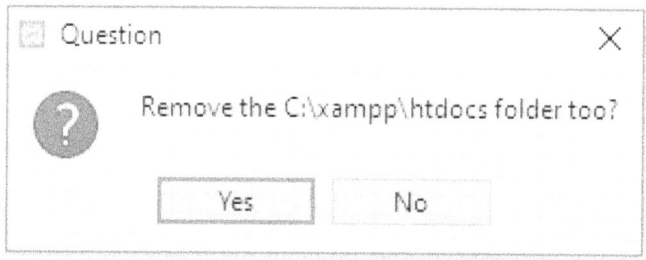

Abbildung 24 Auch Verzeichnis htdocs löschen?

Da ich alles löschen möchte, klicke ich auf den Button „Yes".

Uninstallation completed

Am Ende der Deinstallation von XAMPP erscheint dieses Pop-up.

Abbildung 25 irreführende Uninstall-Meldung von XAMPP

Leider kann man diese Erfolgsmeldung von XAMPP nicht wortwörtlich nehmen. Denn trotz dieser Erfolgsmeldung bleibt der Ordner XAMPP mit dem Unterordner phpMyAdmin bestehen.

xampp

phpMyAdmin

Abbildung 26 XAMPP-Ordner besteht noch

phpMyAdmin ließ sich mangels Ausführungsdatei zwar nicht mehr aufrufen, aber der Unterordner phpMyAdmin beinhaltete noch den Unterordner „temp", der wiederum den Unterordner „twig" enthielt.

Das Unterverzeichnis „twig" enthielt trotz der Erfolgsmeldung „Uninstallation completed" 32 Unterverzeichnisse, die PHP-Dateien enthielten.

Falls nicht alles gelöscht worden ist, erhalten Sie bei der nächsten Installation von XAMPP diese Meldung:

Abbildung 27 Reinstallation XAMPP-Ordner kann nicht benutzt werden

Daher habe ich das Verzeichnis XAMPP mit allen seinen Unterverzeichnissen und Dateien manuell gelöscht.

Nach dieser Löschung konnte ich mit der erneuten Installation von XAMPP fortfahren und diese erfolgreich beenden.

Datenbank für WordPress anlegen

Da die Inhalte der von Ihnen geschriebenen Beiträge und Seiten von WordPress in einer Datenbank abgespeichert werden, benötigt WordPress eine Datenbank. Bilder in Ihren Beiträgen und Seiten werden im Standard nicht in der Datenbank abgespeichert.

Siehe dazu z. B.

- http://www.itdoor.lu/wordpress-plugin-verzeichnis/wordpress-datenbank-sichern-nur-das/

Das ist auch gut so, denn das würde die Reaktionsgeschwindigkeit der Datenbank reduzieren, wenn dort Bilder abgespeichert werden würden. Da Bilder mehr Speicherplatz benötigen als Text.

Auch bei der Anlage der Datenbank für WordPress kann XAMPP helfen.

Datenbank für WordPress erstellen

Um eine Datenbank für WordPress erstellen zu können, geben Sie bitte in einem Ihrer Browser in der Adresszeile bzw. in der URL Zeile Folgendes ein.

http://localhost/phpmyadmin/

ein.

Die Benutzeroberfläche phpMyAdmin wird aber nur dann aufgerufen, wenn Sie vorher das XAMPP Control Panel aufgerufen haben.

Da man auf jeden Fall das XAMPP Control Panel aufrufen muss, kann man stattdessen in der Zeile „MySQL" auf den Button „Admin" klicken.

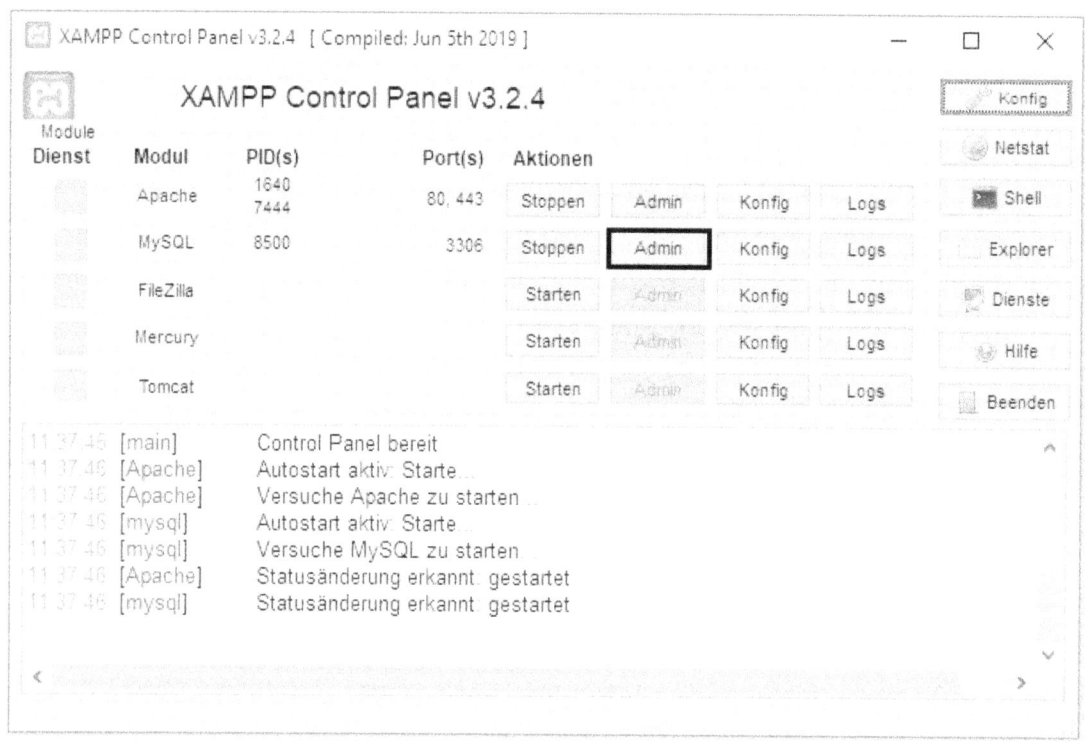

Abbildung 28 Adminbereich für MySQL

Anschließend wird mir die Maske „phpMyAdmin" in meinem Standardbrowser angeboten (Teilausschnitt).

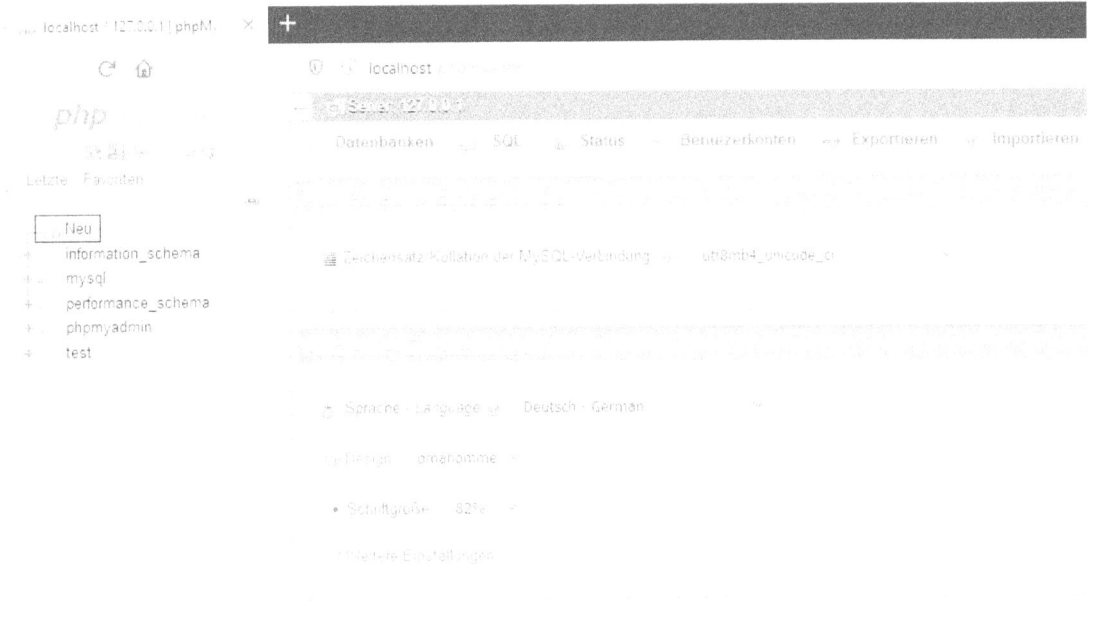

Abbildung 29 Teilausschnitt von phpMyAdmin

Wie Sie sehen, landen Sie auf diese Art und Weise auch bei http://localhost/phpmyadmin/.

Zeichencodierung/Zeichensatz/Kollation

In dieser Maske wird „utf8mb4_general_ci" als Vorschlag für alle noch anzulegenden Datenbanken angeboten. Worum geht es hier? Meines Erachtens um ein Spezialthema. Im Prinzip geht es hier darum, eine Zeichencodierung auszuwählen, die keine Probleme mit deutschen Sonderzeichen wie z. B. den Umlauten hat.

Ich übernehme den Vorschlag „utf8mb4_general_ci". Für ItDoor hatte ich damals auch den Vorschlag „utf8mb4_general_ci" übernommen. Probleme haben sich dadurch bisher nicht ergeben.

Nicht verschweigen möchte ich an dieser Stelle, dass einige die Zeichencodierung „utf8mb4_unicode_ci" statt der hier vorgeschlagenen Zeichencodierung „utf8mb4_general_ci" empfehlen.

„utf8mb4_unicode_ci" sortiert „Œ" wie „OE" und „ß" wie „ss", während hingegen „utf8mb4_general_ci" „Œ" und „ß" als einzelne Zeichen sortiert. Falls dieser Unterschied für Sie wichtig sein sollte, dann wählen Sie bitte an dieser Stelle „utf8mb4_unicode_ci" aus.

Zu dem Begriff „localhost" und der IP-Adresse 127.0.0.1 gleich noch ein paar Informationen.

Doch jetzt möchte ich erstmal Ihren Blick auf die linke Seite von phpMyAdmin lenken.

Denn nach der Installation von XAMPP wird mir als Voreinstellung die leere Datenbank „Test" angeboten. Leer bedeutet, die Datenbank hat keine Daten. Die Datenbank hat keine Daten, weil die Datenbank keine Tabellen hat.

Trotz dieses Angebotes werde ich die Datenbank „WordPress" anlegen. Wie eine neue Datenbank auf der Benutzeroberfläche „phpMyAdmin" anlegt, möchte ich schon zeigen. Zudem es vielleicht Leser gibt, die mit 1 XAMPP 2 verschiedene WordPress-Installationen benutzen möchten (siehe Kapitel „Zwei Mal WordPress in einem XAMPP-Paket installieren").

Daher habe ich oben links das Wort „Neu" umrahmt. Ich klicke also auf „Neu". Alles andere rühre ich auf der Benutzeroberfläche „phpMyAdmin" nicht an.

Abbildung 30 Name für neue Datenbank vergeben

Wie Sie sehen, bedeutet „Neu" neue Datenbank. Denn nach dem Klick auf „Neu" wird mir die Maske für „Datenbank anlegen" angeboten.

Der Name der Datenbank

Die Datenbank braucht natürlich einen Namen. Ich nenne hier die Datenbank der Einfachheit halber, wie bereits oben erwähnt, „WordPress". Einige Kollegen empfehlen die Datenbank wegen den Hackern eben nicht, WordPress zu nennen. Unabhängig davon steht es Ihnen natürlich frei, einen anderen Namen für die Datenbank zu verwenden, die von WordPress benutzt wird.

Obwohl die Datenbank ein Bestandteil von MySQL ist und damit nicht direkt ein Teil von WordPress ist, nenne ich diese Datenbank „WordPress-

Datenbank". Es ist so sprachlich einfacher, als jedes Mal „die von WordPress benutzt" wird" zu schreiben.

Im Webspace hat die WordPress-Datenbank einen anderen Namen als bei mir auf dem PC. Das liegt daran, dass mein Hoster den Namen der WordPress-Datenbank bestimmt hat und mir dann mitgeteilt hat. Der unglaubliche Zufall, dass mein Hoster für die WordPress-Datenbank den gleichen Namen wie ich für die WordPress-Datenbank auf dem PC ausgewählt hat, ist somit nicht eingetreten.

Da der Name der WordPress-Datenbank im Webspace nicht identisch ist mit dem Namen der WordPress-Datenbank auf dem PC, ist der Name der WordPress-Datenbank auf dem PC von untergeordneter Bedeutung.

Technisch ist das überhaupt kein Problem, dass die Datenbankinhalte der Datenbank „WordPress" (PC) zur Datenbank „Fritz" (Webspace) transportiert werden.

Meine WordPress-Datenbank heißt natürlich nicht Fritz im Webspace.

Zurück zur Anlage der Datenbank. Ich klicke also auf den Button „Anlegen". Anschließend erscheint diese Maske. Danach kommt für einen Moment die Meldung „Die Datenbank wordpress wurde erzeugt."

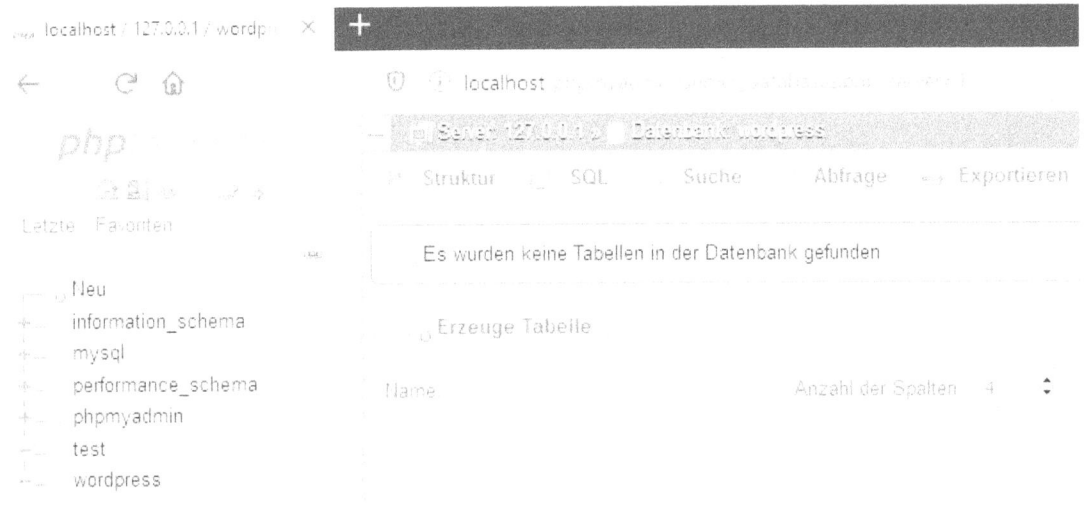

Abbildung 31 Die Datenbank wordpress hat keine Tabellen

Wie Sie sehen, gibt es jetzt die Datenbank „wordpress" ohne Tabellen. Woher sollen die Tabellen auch kommen? Die Datenbank „wordpress" wird Tabellen von dem Programm „WordPress" erhalten (siehe Kapitel „Tabellen-Präfix").

Wie Sie wahrscheinlich schon gemerkt haben, wurden die beiden Großbuchstaben von „WordPress" in Kleinbuchstaben umgewandelt.

Damit ist die Datenbank wordpress angelegt. Somit kann ich das Browserfenster von phpMyAdmin schließen. Die Maske von dem XAMPP Control Panel wird dadurch nicht geschlossen.

Der PC als Localhost und die IP-Adresse 127.0.0.1

Die folgenden Informationen dienen nur der Vollständigkeit. Auch ohne Beachtung dieser Informationen zu sein, können Sie WordPress auf dem PC installieren.

Wenn Sie mit der Benutzeroberfläche phpMyAdmin arbeiten, begegnet Ihnen der Ausdruck „localhost". Dort ist das Wort kleingeschrieben.

Ihr PC ist dann ein Localhost, wenn auf Ihrem PC ein Webserver läuft. Hier in diesem Fall ist das der Webserver Apache.

Es gibt aber auch andere Webserver, die Sie auf Ihrem PC nutzen können, wie z. B. Cherokee oder z. B. Lighttpd.

Ist auf Ihrem PC kein Webserver installiert, ist Ihr PC kein Localhost.

Der Localhost bzw. der Webserver hat die IP-Adresse 127.0.0.1, das ist einfach so definiert worden.

Daher findet man im Verzeichnis C:\Windows\System32\drivers\etc in der Datei hosts die Festlegung, dass der Localhost die IP-Adresse 127.0.0.1 hat.

Wenn Sie mit Ihrem PC ins Internet gehen, dann nehmen Sie Kontakt zu einem Server im Internet auf. Dieser Server hat eine IP-Adresse und Sie erhalten eine IP-Adresse von Ihrem Internet-Provider. Die beiden IP-Adressen sind dann wie 2 Postanschriften für den Datenfluss. Um nun den Localhost wie einen Server draußen im Internet zu erreichen, wird die IP-Adresse 127.0.0.1 verwendet. Auch die vom Localhost gesendeten Informationen erhalten Sie über den Browser, so als Sie draußen im Internet sind. Daher öffnet sich beim Aufruf von phpMyAdmin Ihr Browser, so als ob Sie im Internet browsen würden. Testen Sie WordPress auf Ihrem PC, möchten Sie ja schließlich sehen, wie die WordPress-Website im Internet aussehen würde. Dafür brauchen Sie eine IP-Adresse.

Datenbank für WordPress löschen bzw. entfernen

So einfach wie die Datenbank angelegt werden konnte, kann Sie auch gelöscht bzw. entfernt werden. Falls Sie die Datenbank – aus welchen Gründen auch immer – entfernen wollen, ist das also auch recht einfach.

In diesem Fall heißt die Datenbank für WordPress „wordpress". Falls Sie es bereits noch nicht getan haben, klicken Sie in phpMyAdmin auf die Datenbank „wordpress". Danach klicken Sie auf die Registerkarte „Operationen".

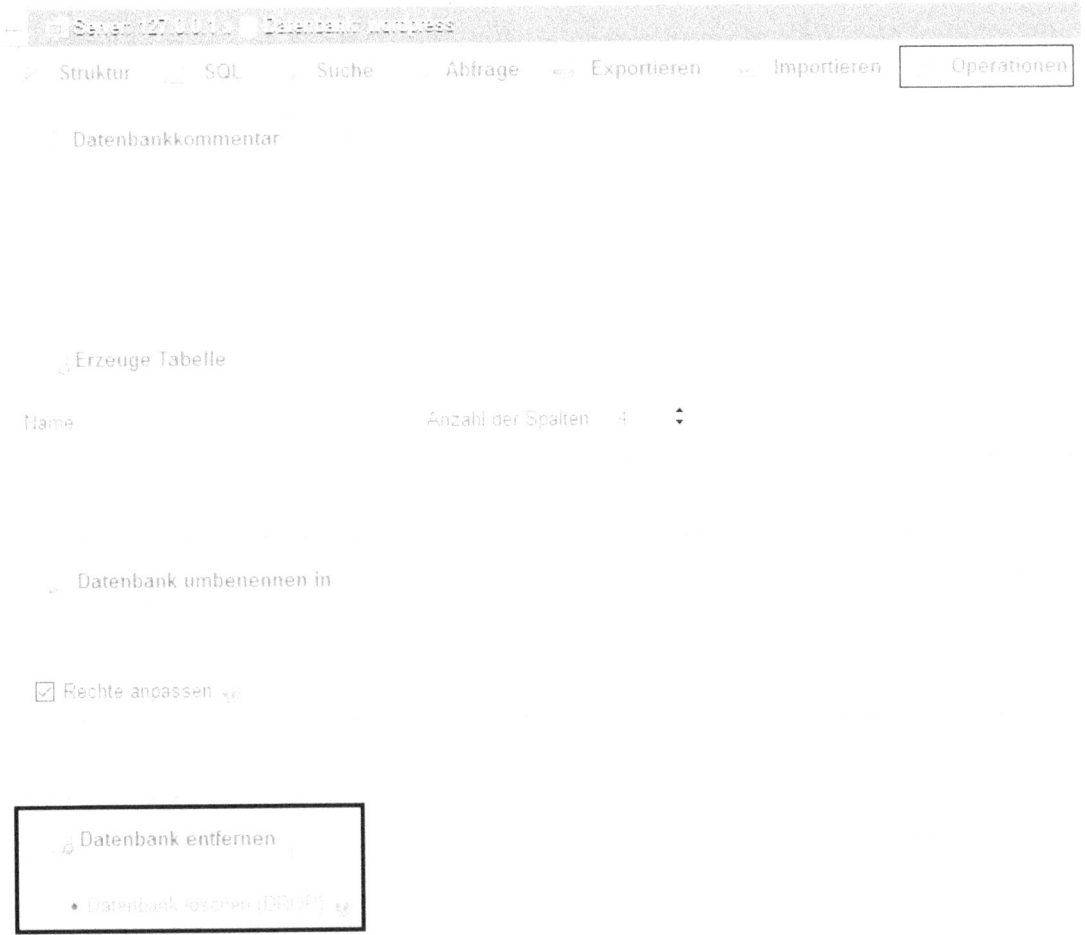

Abbildung 32 Benutzeroberfläche phpMyAdmin Registerkarte Operationen

Hier auf der Registerkarte „Operationen" finden Sie weiter unten den Link „Datenbank löschen".

Wie bei anderen Programmen auch üblich, wird jetzt nicht sofort gelöscht, wenn Sie auf diesen Link klicken. Damit Sie nicht aus Versehen eine

Datenbank löschen, werden Sie vorher noch einmal mit dem folgenden Text gewarnt.

Sie sind dabei eine komplette Datenbank zu LÖSCHEN. "Möchten Sie wirklich die Abfrage "DROP DATABASE 'wordpress' " wirklich ausführen?

Falls Ihnen bei der Namensvergabe für die Datenbank ein Tippfehler unterlaufen sein sollte, brauchen Sie deswegen die Datenbank nicht löschen. Sie benennen auf dieser Maske die Datenbank einfach um.

Das geht auf diese einfache Art und Weise aber nur solange, bis der Name der Datenbank nicht in der Datei „wp-config.php" vermerkt ist.

Die Datei „wp-config.php" gehört zum Programm WordPress. Da WordPress bisher nicht installiert worden ist, gibt es diese Datei noch nicht.

WordPress auf dem PC installieren

Nachdem nun XAMPP installiert worden ist, geht es nun darum, WordPress zu installieren.

WordPress herunterladen und entpacken

Da Sie wahrscheinlich die neueste deutschsprachige Version haben möchten, rufen Sie bitte diese URL auf:

- https://de.wordpress.org/download/

Wer – aus welchen Gründen auch immer – nicht die neueste deutschsprachige Version von WordPress herunterladen möchte, sondern eine ältere Version von WordPress benutzen möchte, der sollte diese URL benutzen:

- https://de.wordpress.org/download/releases/

Ausprobiert habe ich das allerdings nicht.

Ich lade jetzt also die neueste deutschsprachige Version von WordPress herunter.

Das Ergebnis des Downloads ist die Datei „wordpress-5.3-de_DE.zip" mit einer Größe von circa 13 MB. Diese Datei befindet sich – wie bei mir üblich – im Download-Verzeichnis von Windows.

Abbildung 33 WordPress entpacken

Ich markiere die Datei und klicke mit der rechten Maustaste auf den Menüpunkt „Öffnen".

Anschließend wird mir das Verzeichnis „wordpress" angeboten.

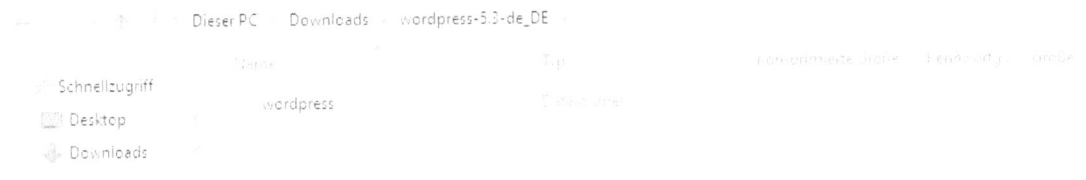

Abbildung 34 Das Verzeichnis WordPress wird nach dem Entpacken angeboten

Ich mache dann einen Doppelklick auf das Verzeichnis „wordpress" und sehe anschließend einige Unterverzeichnisse dieses Verzeichnisses und einige Dateien.

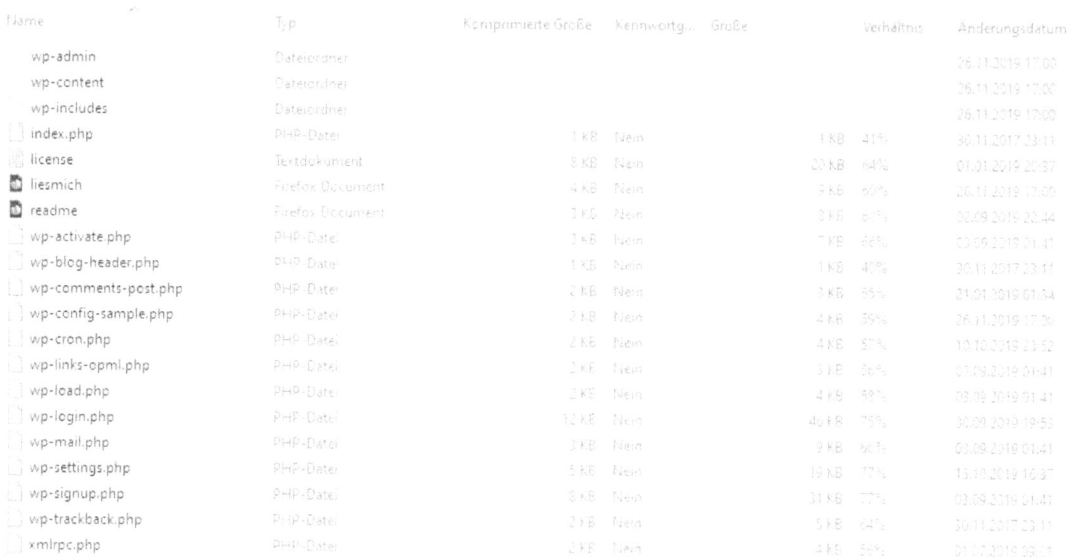

Abbildung 35 Das entpackte WordPress mit 20 Elementen

Windows zählt hier für das Verzeichnis „wordpress" 20 Elemente. Wenn Sie möchten, können Sie die Anzahl der Elemente als groben Check verwenden, ob die Entpackung von WordPress gelungen ist. Ich kann natürlich nicht garantieren, dass zukünftige Versionen von WordPress ebenfalls 20 Elemente in diesem Verzeichnis haben werden. Aber ich kann darauf hinweisen, dass auch schon 2017 nach dem Entpacken von WordPress 20 Elemente in dem Verzeichnis enthalten waren.

Das ist also das entpackte WordPress.

Das Verzeichnis für WordPress in XAMPP

WordPress gehört in das Verzeichnis von C:\xampp\htdocs oder in ein Unterverzeichnis des Verzeichnisses von htdocs.

Abbildung 36 Das Verzeichnis von htdocs ohne WordPress

Wie Sie sehen, hat das Verzeichnis **htdocs** nach der Installation von XAMPP bereits einige Unterverzeichnisse und beinhaltet einige Dateien.

Daher möchte ich nicht WordPress in diesem Verzeichnis haben. Denn dann würden Dateien der XAMPP-Installation mit Dateien von WordPress miteinander vermischt werden. Ich hätte dann in diesem Verzeichnis 2 index.php-Dateien. Ob und welche Probleme das nach sich zieht, habe ich nicht ausprobiert.

Da mir hier schon der Ordner „wordpress" angeboten wird (siehe Kapitel „WordPress herunterladen und entpacken"), muss ich nicht extra für das Verzeichnis „htdocs" ein Unterverzeichnis anlegen. Ich kopiere den Ordner „wordpress" in den Ordner „htdocs".

Windows zeigt mir an, dass 1111 Elemente kopiert worden sind.

Hinweis:

Das Verzeichnis wordpress in das Verzeichnis „htdocs" zu kopieren, ging deutlich schneller, als das Verzeichnis wordpress in das Verzeichnis „htdocs" zu verschieben. Auch dann, wenn man die Zeit für die Löschung des Verzeichnisses wordpress im Download-Ordner berücksichtigt.

Die Datenbank für WordPress mit WordPress verbinden

Nachdem nun WordPress mit seinen Verzeichnissen und seinen Dateien in dem Verzeichnis „htdocs" und damit in XAMPP untergebracht worden ist, geht es darum die WordPress-Datenbank (siehe Kapitel „Datenbank für WordPress anlegen") mit WordPress zu verbinden.

Genau genommen geht es darum, WordPress den

- Namen der WordPress-Datenbank und
- den Benutzernamen der WordPress-Datenbank und
- den Namen des Hosts

bekannt zu geben.

Dafür brauchen Sie keine Programmierkenntnisse. Sie verfahren einfach so, wie es hier beschrieben und erklärt wird.

Das XAMPP Control Panel ist gestartet. Ich rufe diese URL in einem meiner Browser auf.

- http://localhost/wordpress/wp-admin/setup-config.php

Hinweis:

Die Zeichenfolge „wordpress" ist Bestandteil dieser URL, weil WordPress in dem Verzeichnis „wordpress" enthalten ist.

Danach erscheint diese Maske.

Abbildung 37 Die Willkomensmaske von WordPress

Dass diese Maske mir angeboten wird, zeigt, dass meine ersten WordPress-Schritte erfolgreich waren. Die Datei wp-config.php gibt es also im Augenblick noch nicht. Ich klicke auf den Button „Los geht's!

Nach diesem Klick öffnet sich diese Maske, in der schon einige Felder vorbelegt sind.

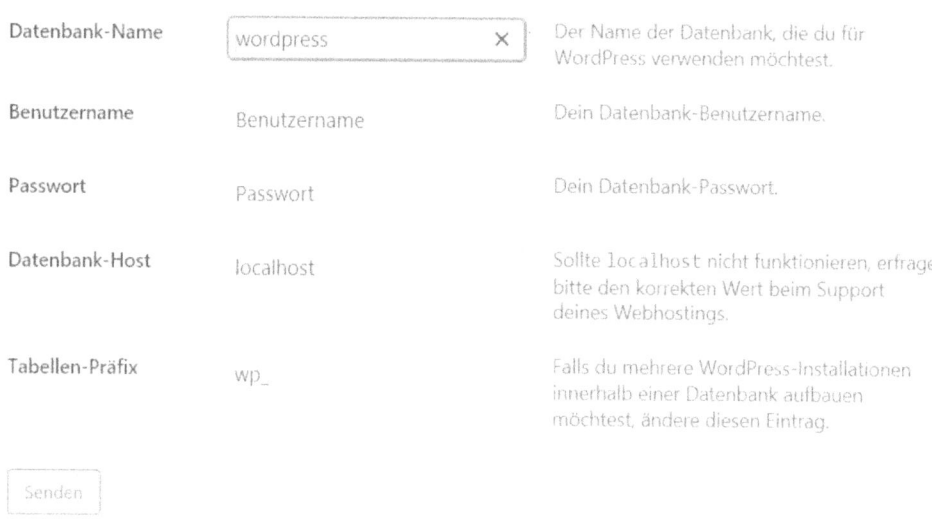

Abbildung 38 Eintrag von Zugangsdaten für die WordPress-Datenbank

Meinen Namen für die Datenbank, den Namen für den Datenbank-Host und den Tabellen-Präfix sind in dieser Maske schon hinterlegt.

Benutzername und Passwort für die Datenbank

Als Benutzername trage ich root ein. Warum root?

Weil dieser Benutzer root, der alles darf, beim Anlegen der Datenbank „wordpress" automatisch mit angelegt worden ist. Jeder neuen Datenbank wird dieser Benutzer automatisch zugeordnet. Das bedeutet auch, dass dies der einzige Benutzer einer neu angelegten Datenbank ist. Ich könnte noch weitere Benutzer oder sogar Benutzergruppen anlegen. Das brauche ich aber alles für meine Zwecke nicht.

Dass der Benutzer root, der richtige Benutzer für die Datenbank wordpress ist, können Sie in phpMyAdmin sehen, wenn Sie Datenbank wordpress auswählen und dann anschließend auf die Registerkarte „Rechte" klicken.

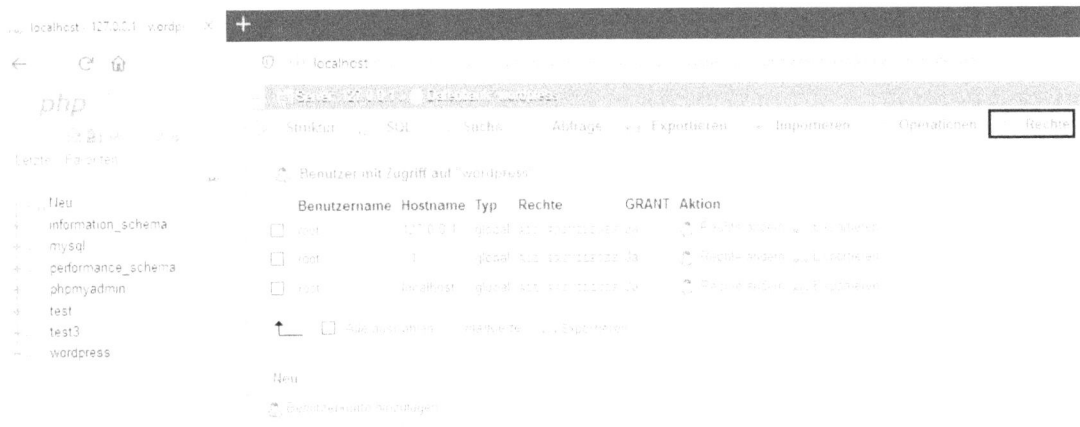

Abbildung 39 Der Benutzer root wird bei der Neuanlage einer Datenbank automatisch mit angelegt

Das Feld Passwort mache ich leer. Da es sich um WordPress auf einem PC handelt. Zudem hat mein Hoster die Datenbank im Webspace mit einem Passwort geschützt und mir anschließend dieses Passwort mitgeteilt.

Hinweis:

Lassen Sie im Feld „Passwort" das Wort „Passwort" stehen, denkt WordPress, dass die Datenbank wordpress das Passwort „Passwort" hat. Folglich kann WordPress keine Verbindung zur Datenbank „wordpress" aufbauen. Da die Datenbank wordpress eben nicht das Passwort „Passwort" hat. Denn die Datenbank wordpress hat überhaupt kein Passwort.

Tabellen-Präfix

Was ist ein Tabellen-Präfix? Vor jedem WordPress-Tabellennamen der Datenbank wordpress, steht der Präfix. In diesem Fall beginnt jede WordPress-Tabelle mit „wp-" (siehe Kapitel „Installation von WordPress"). Einige Kollegen empfehlen der Hacker wegen, sich einen anderen Tabellenpräfix auszudenken. Der Einfachheit halber übernehme ich diese Voreinstellung.

Letztendlich sieht dann die Maske mit den Zugangsdaten für die Datenbank so aus.

Hier sollten die Zugangsdaten zu deiner Datenbank eingetragen werden. Im Zweifel frage bitte beim Support deines Webhostings nach.

Datenbank-Name	wordpress	Der Name der Datenbank, die du für WordPress verwenden möchtest.
Benutzername	root	Dein Datenbank-Benutzername.
Passwort		Dein Datenbank-Passwort
Datenbank-Host	localhost	Sollte localhost nicht funktionieren, erfrage bitte den korrekten Wert beim Support deines Webhostings.
Tabellen-Präfix	wp_	Falls du mehrere WordPress-Installationen innerhalb einer Datenbank aufbauen möchtest, ändere diesen Eintrag.

Abbildung 40 Die aus meiner Sicht erforderlichen Zugangsdaten sind nun eingegeben

Ich klicke auf den Button „Senden". Durch das Absenden dieser Daten entsteht im Hintergrund im Verzeichnis C:\xampp\htdocs\wordpress die Datei „wp-config.php".

Im Vordergrund wird mir diese Maske angeboten.

Installation von WordPress

Alles klar! Diesen Teil der Installation hast du geschafft. WordPress kann jetzt mit deiner Datenbank kommunizieren. Wenn du bereit bist, kannst du jetzt die ...

Installation durchführen

Abbildung 41 Installation von WordPress durchführen

Hier steht explizit, dass WordPress jetzt mit der Datenbank kommunizieren kann. Die Datenbank hat aber immer noch keine Tabellen.

Da ich WordPress installieren möchte, klicke ich auf den Button „Installation durchführen".

Es erscheint dann die Maske mit den für die Installation von WordPress benötigten Informationen.

Willkommen

Willkommen bei der berühmten 5-Minuten-Installation von WordPress. Gib unten einfach die benötigten Informationen ein und schon kannst du starten mit der am besten erweiterbaren und leistungsstarken persönlichen Veröffentlichungsplattform der Welt.

Benötigte Informationen

Bitte trage die folgenden Informationen ein. Keine Sorge, du kannst all diese Einstellungen später auch wieder ändern.

Titel der Website	tdoor
Benutzername	tdoor ✕
	Benutzernamen dürfen nur alphanumerische Zeichen, Leerzeichen, Unterstriche, Bindestriche, Punkte und das @-Zeichen enthalten.
Passwort	0VZm!--XfadrJ5$JwS verbergen
	Stark
	Wichtig: Du wirst dieses Passwort zum Anmelden brauchen. Bitte bewahre es an einem sicheren Ort auf.
Deine E-Mail-Adresse	
	Bitte überprüfe nochmal deine E-Mail-Adresse auf Richtigkeit, bevor du weitermachst.
Sichtbarkeit für Suchmaschinen	☐ Suchmaschinen davon abhalten, diese Website zu indexieren.
	Es ist Sache der Suchmaschinen, dieser Bitte nachzukommen.

[WordPress installieren]

Abbildung 42 Benötigte Informationen für die Installation von WordPress

Als Titel der Website trage ich natürlich itdoor ein. Einige Hacker können das Feld „Benutzername" Feld auslesen. Wer will, dass sein wahrer Name möglichst bekannt wird, trägt hier seinen Vornamen und seinen Nachnamen ein. Den Benutzernamen, den Sie hier eintippen, wird Ihnen später von dem Plugin Duplicator als Bestandteil des Archivnamens vorgeschlagen (siehe unten Kapitel „Aus WordPress auf dem PC ein Transportpaket schnüren").

Ich weiß nicht, wie es Ihnen geht, aber ich kann mir das vorgeschlagene Passwort nicht merken. Also trage ich hier ein einfacheres Passwort ein. Danach klicke ich auf den Button „Verbergen".

Als Ausgleich für ein weniger kompliziertes Passwort verändere ich später die URL für die Anmeldemaske im Webspace.

Wie man die URL der Anmeldemaske modifiziert, können Sie z. B. hier nachlesen.

- → http://www.itdoor.lu/wordpress-plugin-verzeichnis/plugins-fuer-hackerschutz/

Kann die Anmeldemaske von den Hackern nicht gefunden werden, laufen die von den Hackern verwendeten Passwörter ins Leere. Transportiere ich WordPress vom PC in den Webspace, gilt das Passwort für WordPress auf dem PC auch im Webspace. Da alles transportiert wird. Daher setze ich auch kein Häkchen bei „Suchmaschinen davon abhalten, diese Website zu indexieren. Die WordPress-Website im Webspace soll von den Suchmaschinen gefunden werden. Dass eine Website eines Localhosts von Suchmaschinen indiziert wird, ist mir nicht bekannt. Schließlich referenziert ein Localhost auf sich selbst. Technisch scheint das aber nicht unmöglich zu sein.

- https://www.vice.com/en_us/article/3kdxw3/google-wants-to-keep-localhost-local

Eigentlich möchte ich keine E-Mails empfangen, aber ohne die Angabe einer E-Mail-Adresse lässt sich WordPress nicht installieren. Auch nicht auf dem PC.

WordPress schreibt zu dieser E-Mail-Adresse Folgendes:

Diese Adresse wird für administrative Zwecke verwendet. Wenn du diese änderst, bekommst du eine E-Mail an deine neue E-Mail-Adresse, um die Änderung zu bestätigen. Die neue Adresse wird erst nach dieser Bestätigung benutzt.

Bei Änderungen der E-Mail-Adresse im Profil (des Administrators) gibt es dagegen kein Bestätigungs-E-Mail.

Ein E-Mail erhalte ich von WordPress aber nach der Installation von WordPress auf dem PC nicht.

Nachdem ich benötigten Informationen eingegeben habe, klicke ich auf den Button „WordPress installieren". Ich erhalte dann diese Erfolgsmeldung von WordPress.

Abbildung 43 Die Installation von WordPress war erfolgreich

Für den Fall, dass die Installation von WordPress auf dem PC nicht erfolgreich gewesen sein sollte, darf ich auf das Kapitel „WordPress auf dem PC deinstallieren" verweisen. Einen pauschalen Grund für eine fehlgeschlagene Installation von WordPress auf dem PC kann ich leider nicht vortragen.

Hier in diesem vorgestellten Fall ist die Installation von WordPress gelungen.

Daher hat die Datenbank wordpress von WordPress 12 Tabellen erhalten. Dies kann man im phpMyAmin sehen, wenn man auf die Datenbank „wordpress" klickt.

Abbildung 44 Die 12 Tabellen von WordPress

Die meisten Tabellen enthalten bereits Daten.

Es handelt sich um diese 12 Tabellen.

- wp_commentmeta

- wp_comments
- wp_links
- wp_options
- wp_postmeta
- wp_posts
- wp_termmeta
- wp_terms
- wp_term_relationships
- wp_term_taxonomy
- wp_usermeta
- wp_users

Ich habe hier diese Tabellen aufgelistet, damit Sie später einfach kontrollieren können – falls Sie das möchten – ob hier Tabellen durch Plugins hinzugekommen sind, die Sie mit WordPress auf dem PC getestet haben. Leider löschen nicht alle Plugins ihre Tabellen, wenn die Plugins gelöscht werden. Da bleibt dann Datenmüll stehen, den man nicht haben will. Es gibt aber auch Plugins, bei denen man einstellen kann, ob die Tabellen des Plugins bei der Löschung des Plugins gelöscht werden sollen.

Die Anmeldung bei WordPress auf dem PC

Die Maske mit der Erfolgsmeldung von WordPress (siehe Kapitel „Installation von WordPress") bietet mir die Möglichkeit, mich bei WordPress anzumelden. Ich klicke in der Erfolgsmeldung auf den Button „Anmelden".

Abbildung 45 Die Anmeldung bei WordPress auf dem PC

Wie Sie sehen, sieht die Anmeldemaske auf dem PC aus wie die Anmeldemaske im Webspace.

Allerdings hat die Anmeldemaske auf dem PC eine andere URL als die Anmeldemaske von WordPress im Webspace. Nämlich diese URL:

- http://localhost/wordpress/wp-login.php

Die Zeichenfolge „wordpress" ist Bestandteil dieser URL, weil WordPress in dem Verzeichnis „wordpress" enthalten ist.

Diese URL speichere ich übrigens in meinem Browser als Favorit/Lesezeichen ab.

Wie man als Hackerschutz diese URL für das Login verändern kann, können Sie z. B. hier nachlesen.

- http://www.itdoor.lu/wordpress-plugin-verzeichnis/plugins-fuer-hackerschutz/

Ich melde mich an und befinde mich dann im Dashboard von meinem WordPress auf dem PC.

Anschließend schaue ich mir meine WordPress-Website auf dem PC an.

Abbildung 46 Dashboard: Weg zur WordPress-Website auf dem PC

Die sieht dann so aus, ohne dass ich irgendwelche Einstellungen im Dashboard von WordPress vorgenommen hatte.

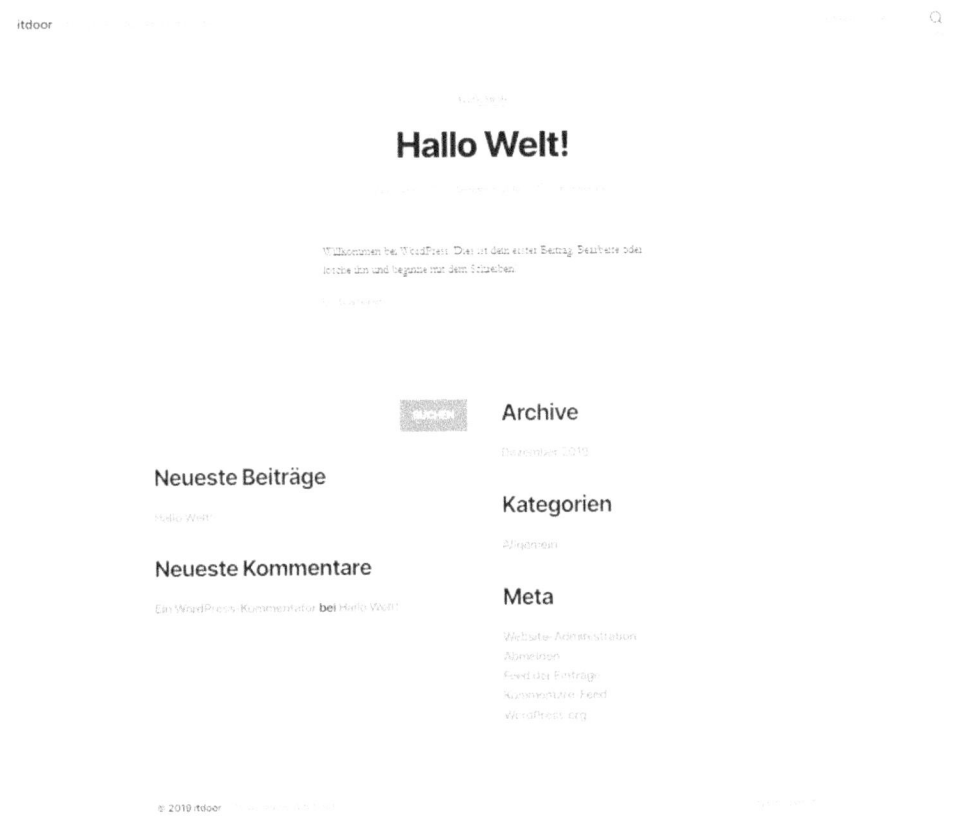

Abbildung 47 WordPress Website auf dem PC mit Theme „Twenty Twenty"

Sie sehen hier das von mir unberührte Theme „Twenty Twenty". WordPress bietet als Voreinstellung dieses Theme als aktiviertes und veröffentlichtes Theme an.

Meine WordPress-Website auf dem PC hat die folgende URL.

- http://localhost/wordpress/

Hinweis:

Die Zeichenfolge „wordpress" ist Bestandteil dieser URL, weil WordPress in dem Verzeichnis „wordpress" enthalten ist.

Die WordPress-Website, die Sie hier sehen, ist das Ergebnis meiner zweiten Installation von WordPress auf dem PC.

Bei meiner ersten Installation von WordPress auf dem PC war die Website von WordPress auf dem PC leer. Auch die Vorschau des Themes und die Vorschau von Seiten funktionierten nicht.

Ich weiß bis heute nicht, woran es gelegen hat. Aber ich ärgere mich heute noch darüber, dass ich im Internet stundenlang (ergebnislos) nach einem brauchbaren Lösungsansatz gesucht habe.

Heute weiß ich, dass es viel schneller geht, WordPress und ggf. auch XAMPP zu deinstallieren und zu reinstallieren. Zudem rufe ich als erste Handlung im Dashboard diesmal meine WordPress-Website auf, um in gewisser Weise diesen Vorgang zu initialisieren und um zu sehen, ob meine WordPress-Website auf dem PC aufrufbar ist. Denn dies und die fehlende Vorschau waren erkennbar die einzigen Dinge, die nach der ersten Installation von WordPress auf dem PC nicht funktionierten.

Das frisch installierte WordPress auf dem PC

Von der WordPress-Website zum Dashboard gelangen Sie, indem Sie hier oben links auf Dashboard klicken.

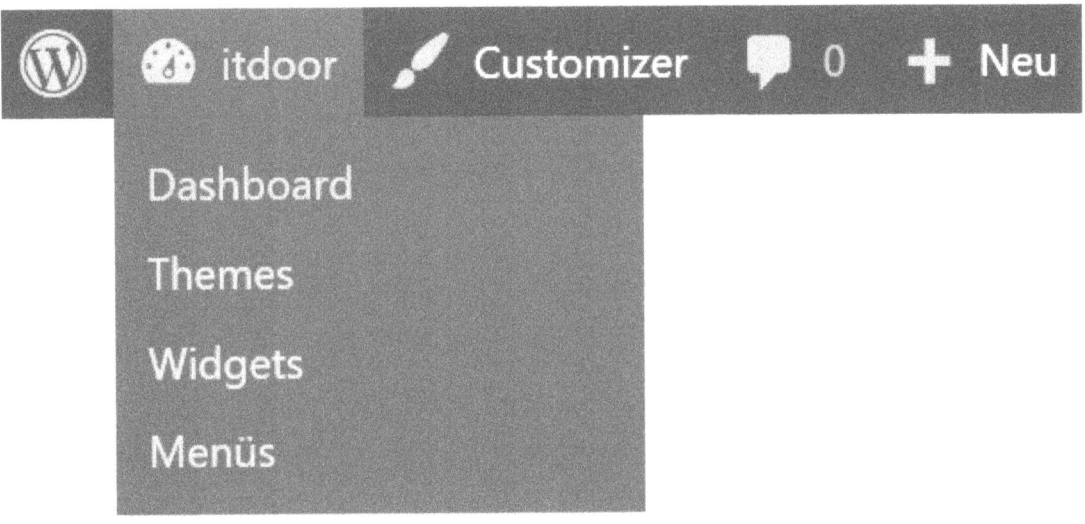

Abbildung 48 Weg von der WordPress-Website zum Dashboard

Neben dem aktivierten Theme „Twenty Twenty" gibt es noch die inaktiven Themes „Twenty Nineteen" und „Twenty Seventeen" an.

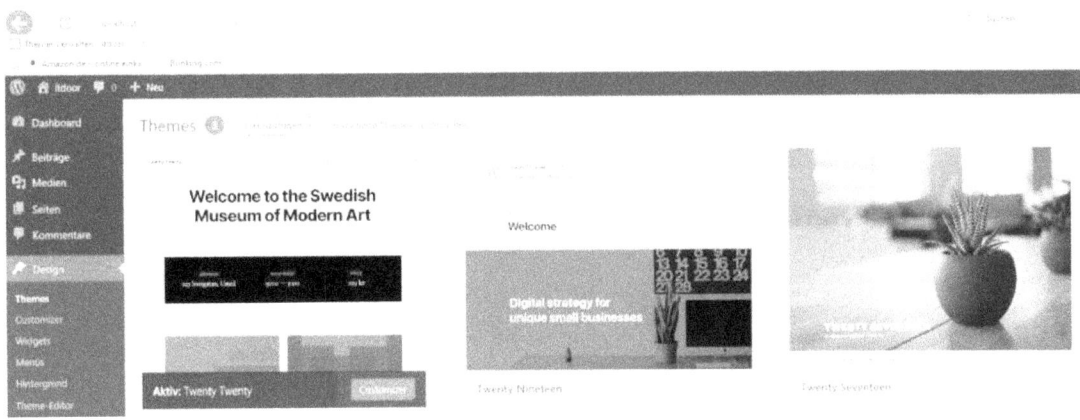

Abbildung 49 Theme-Auswahl nach der Installation von WordPress auf dem PC

Im Übrigen gibt es nach der Installation von WordPress lediglich 2 vorinstallierte, inaktive Plugins.

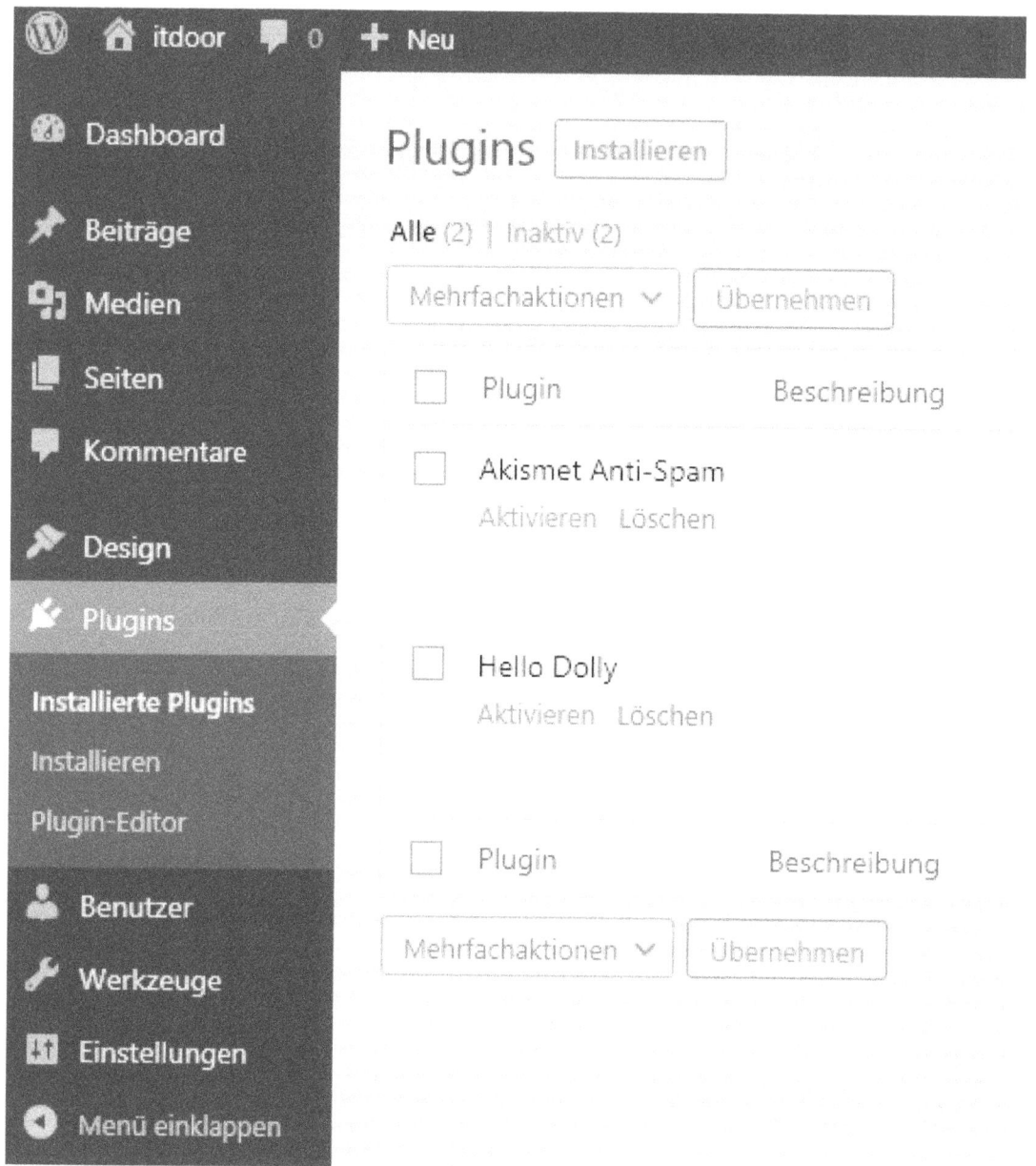

Abbildung 50 Plugin-Auswahl nach der Installation von WordPress auf dem PC

WordPress auf dem PC deinstallieren

Im Installationsverzeichnis von WordPress (hier das Verzeichnis „wordpress") gibt es keine uninstall-Datei oder Vergleichbares. Das würde auch kaum Sinn, da dadurch die WordPress-Datenbank mittels einer solchen Datei nicht gelöscht werden würde. Sie löschen also in 2 Schritten. Sie löschen das Installationsverzeichnis von WordPress mit seinen Unterverzeichnissen und seinen Dateien wie Sie jedes andere Verzeichnis auch im Windows Explorer löschen. Danach löschen Sie die WordPress-Datenbank (hier die Datenbank „wordPress") mit seinen Tabellen (siehe Kapitel „Datenbank für WordPress löschen bzw. entfernen").

Aus WordPress auf dem PC ein Transportpaket schnüren

Nachdem Sie nun Ihr WordPress auf dem PC mit neuen Beiträgen und Seiten und eventuell mit zusätzlichen Plugins versehen haben, geht es nun darum, den aktuellsten Stand von WordPress auf Ihrem PC in den Webspace zu transportieren. Dabei ersetzen Sie das gesamte WordPress im Webspace. Falls Ihr WordPress im Webspace in irgendeiner Art und Weise beschädigt und/oder infiziert sein sollte, ist dann Ihr WordPress durch den kompletten Austausch geheilt.

Ich werde mit der kostenlosen Version des Plugins Duplicator das Transportpaket schnüren, da ich dieses Plugin schon seit Jahren problemlos benutze.

Das soll Sie aber nicht daran hindern für den gleichen Zweck ein anderes Plugin zu benutzen. Der Mechanismus, um WordPress im Webspace vollständig zu ersetzen, dürfte bei einem anderen Plugin in etwa der gleiche sein.

Das XAMPP Control Panel ist aufgerufen. Ich befinde mich im Dashboard von WordPress auf meinem PC und habe die Menüfolge „**Plugins-Installieren**" benutzt. Dort gebe ich in dem Feld „Plugins durchsuchen" das Wort Duplicator ein.

Abbildung 51 WordPress auf dem PC hat das Plugin Duplicator gefunden

Ich klicke nun auf den Button „Jetzt installieren". Das Installieren von Duplicator dauerte auf meinem kleinen Test-PC circa 16 Sekunden. Nach der Installation von Duplicator klickte ich an gleicher Stelle auf den Button „Aktivieren". Für die Aktivierung benötigte WordPress auf dem PC circa 8 Sekunden.

Mit Duplicator ein Archiv bzw. ein Backup erstellen

Nach der Aktivierung von Duplicator steht auf der linken Seite ein Menü für Duplicator zur Verfügung.

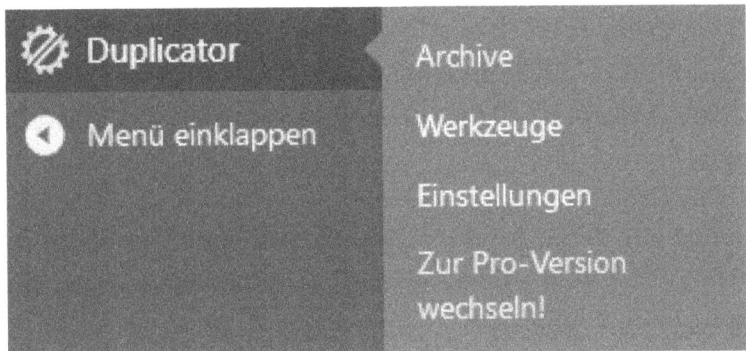

Abbildung 52 Menü von Plugin Duplicator

Ich klicke auf den Menüpunkt „Archive". Das Transportpaket heißt also bei Duplicator „Archiv". Man kann das Archiv auch als „Backup" bezeichnen.

Hinweis:

Das Archiv beinhaltet die Verzeichnisse und Dateien, die im WordPress-Verzeichnis auf dem PC enthalten sind (siehe Kapitel „Das Verzeichnis für WordPress in XAMPP").

Auch Dateien, die keine WordPress-Dateien sind, werden in das Archiv von Duplicator aufgenommen. Z. B. die beiden Verifikationsdateien für Google und Bing. Die Identifikations- bzw. Verifikationsdateien für Google und Bing bestätigen, dass ich der „Owner" dieser Website bin.

Wenn Sie in der Google Search Console eine „Property" hinzufügen, haben Sie im nächsten Schritt die Gelegenheit Ihre Inhaberschaft zu bestätigen. Die einfachste Methode ist, dass Sie von Google eine Identifikationsdatei herunterladen. Diese kopieren Sie dann in das Root-Verzeichnis Ihres Hosters.

Bei Bing Webmaster führen Sie Verifikation unter „meine Site konfigurieren" bei „Besitz überprüfen" aus.

Ich stelle diese beiden Dateien nicht in das WordPress-Verzeichnis auf dem PC, da diese beiden Dateien nach jedem Transport ein aktualisiertes Änderungsdatum erhalten. Ob und inwieweit das schädlich ist, habe ich nicht getestet.

Stattdessen lasse ich diese beiden Dateien im Root-Verzeichnis des Servers meines Hosters auch bei einem Transport von WordPress auf dem PC in den Webspace einfach dort stehen.

Anschließend bietet mir Duplicator diese Maske an (Teilsicht).

Abbildung 53 Keine Archive bei Duplicator gefunden

Da Duplicator erstmalig in meinem WordPress auf dem PC installiert und aktiviert worden ist, sind noch keine Archive von Duplicator vorhanden. Ich klicke rechts oben auf den Button „Neues erstellen". Danach erscheint diese Maske (Teilsicht).

Abbildung 54 Namensvorschlag von Duplicator für das Archiv

Wie Sie sehen, schlägt mir Duplicator einen Namen für das Archiv vor. Der Name besteht aus dem Tagesdatum und dem Benutzernamen für WordPress Website (siehe oben Kapitel „Installation von WordPress").

Wenn ich einen Tag später – also am 7.12.2019 - ein Archiv erstellen möchte, schlägt mir Duplicator als Namen für das Archiv ebenfalls „20191206_itdoor" vor. Ich konnte dann aber am 7.12.2019 den Namen des Archivs auf „20191207_itdoor" ändern und ein Archiv erstellen.

Ändere ich den Titel der Website von „itdoor" auf „Klaus", ist der Namensvorschlag von Duplicator für das Archiv nach wie vor „20191206_itdoor". Der Titel der Website spielt also keine Rolle für den Namensvorschlag von Duplicator.

Hinweis:

Der Benutzername für WordPress ist „itdoor" und für die Datenbank für WordPress ist der Benutzername „root".

Beide Benutzernamen sind also nicht identisch.

Ich übernehme den Vorschlag von Duplicator und klicke daher unten rechts auf den Button „Weiter".

Anschließend bietet mir Duplicator diese Maske an (Teilsicht).

Abbildung 55 Schritt 2: Duplicator scannt WordPress-Website auf dem PC

Wie Sie sehen, scannt Duplicator nun als zweiten Schritt die Website. Nachdem Duplicator mit dem Scannen der Website fertig ist, gibt es diese Erfolgsmeldung von Duplicator.

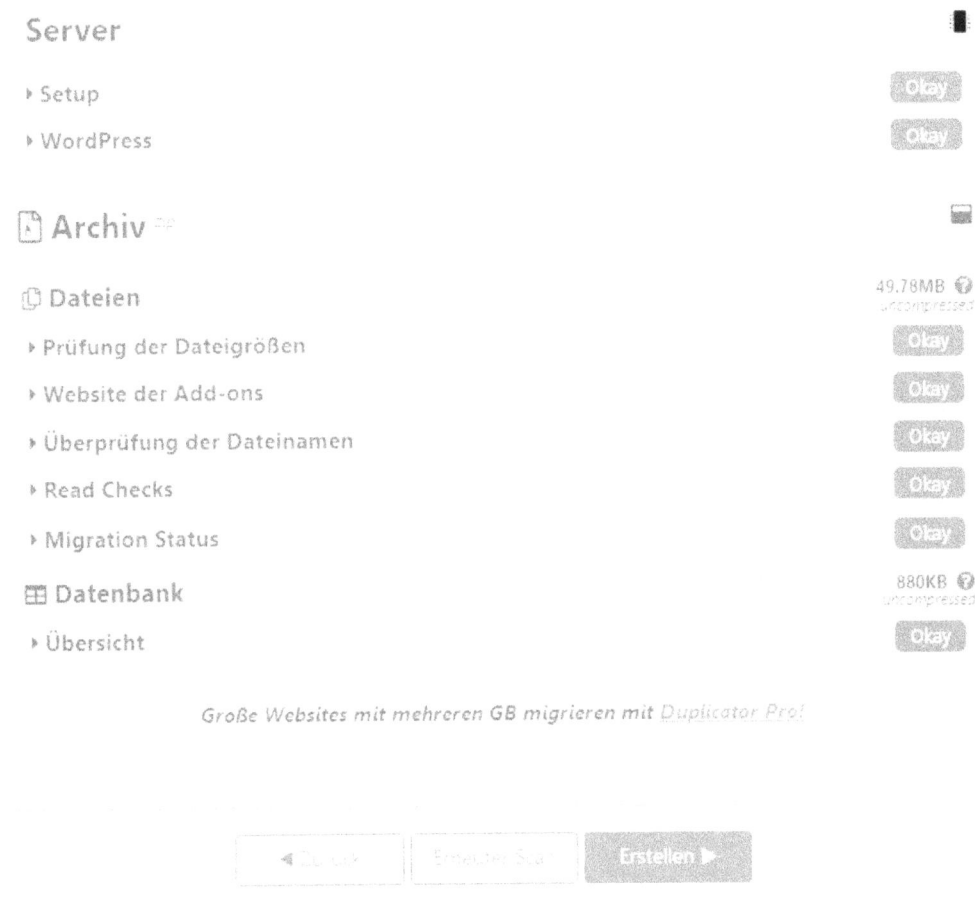

Abbildung 56 Ergebnisse des Scans von Duplicator

Bei einem frisch installierten WordPress beträgt die Größe der Datenbank 880 KB und das Scannen der fast leeren Website dauert nur wenige Sekunden.

Ich klicke auf den Button „Erstellen".

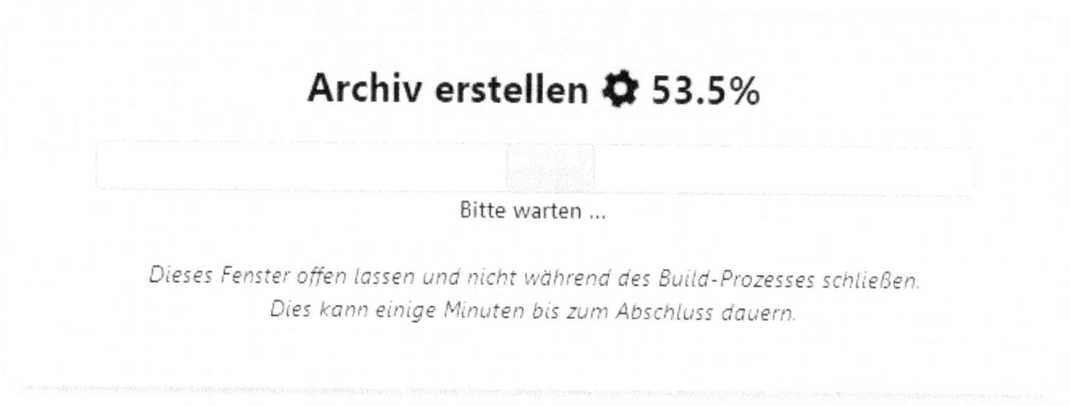

Archiv erstellen 53.5%
Bitte warten ...
Dieses Fenster offen lassen und nicht während des Build-Prozesses schließen.
Dies kann einige Minuten bis zum Abschluss dauern.

Abbildung 57 Duplicator erstellt das Archiv (das Transportpaket)

Duplicator ist dabei das Archiv zu erstellen. Das ist der dritte Schritt von Duplicator.

Erstellungs-Status
Archiv komplett
Dateien herunterladen
Installer
Archiv (16.69MB)
Ein-Klick-Download
Wie installiere ich dieses Paket? (engl.)
Hilf mit, das Plugin zu bewerten!

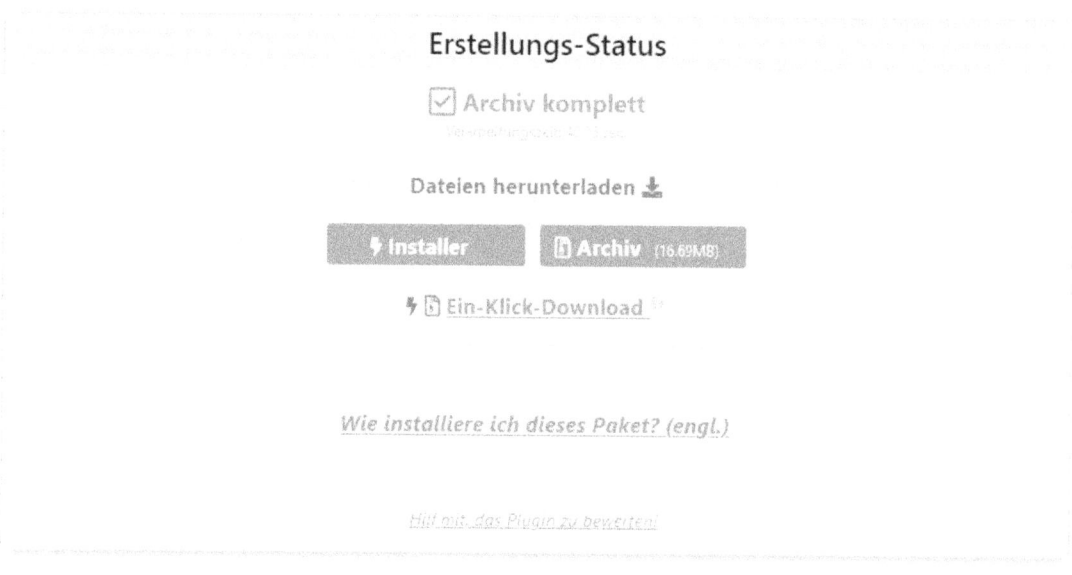

Abbildung 58 Duplicator bietet die Archiv-ZIP-Datei und die Datei installer.php zum Download an

Wie Sie sehen, ist das Archiv nun komplett und damit fertig erstellt.

Das Archiv wurde übrigens erstellt, ohne dass ich irgendwelche Einstellungen bei Duplicator vorgenommen hatte. Die Größe des Archivs bei einem frisch installierten WordPress beträgt also 16,69 MB.

Da ich einen „Ein-Klick-Download" bevorzuge, klicke ich auf den Link für „Ein-Klick-Download".

Danach bietet mir Duplicator 2 Pop-ups an, die ich hier für einen besseren Überblick nebeneinandergestellt habe.

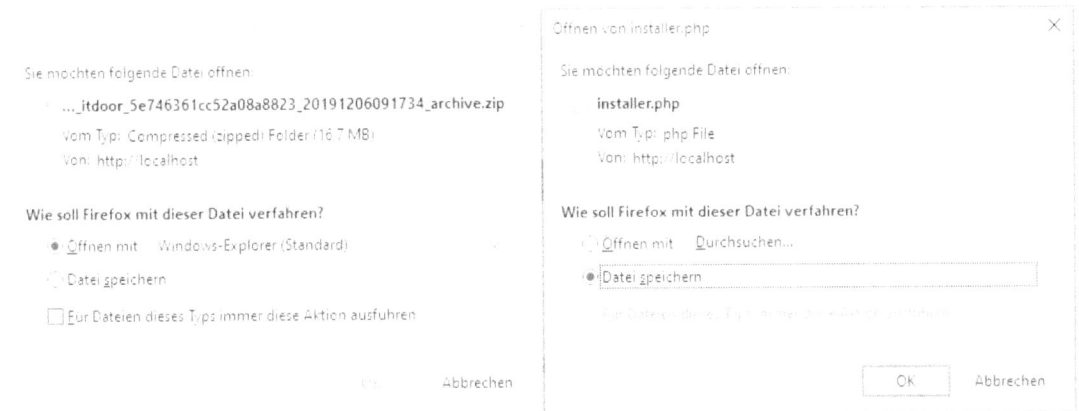

Abbildung 59 Duplicator bietet 2 Dateien zum Speichern an

Ich wende mich als erstes der Datei „installer.php" zu, da hier der Button „OK" aktiv ist. Ich möchte die Datei „installer.php" speichern. Folglich verändere ich nichts und klicke daher auf diesen Button.

Die Datei „installer.php" wird dann im Download-Verzeichnis von Windows abgespeichert. Ich habe mich die ganzen Jahre nicht mit der Datei „installer.php" beschäftigt. Ich benutze die Datei einfach für die Installation von WordPress auf dem PC im Webspace.

Auch die ZIP-Datei mit dem Archiv von Duplicator möchte ich nicht öffnen, sondern speichern. Daher wähle ich „Datei speichern" aus. Nach einem Klick auf den Button „OK" wird diese Datei ebenfalls im Download-Verzeichnis von Windows abgespeichert.

Die ZIP-Datei hat übrigens in diesem Fall die folgende Bezeichnung:

20191206_itdoor_5e746361cc52a08a8823_20191206091734_archive.zip

Über die Zusammensetzung dieses Namens habe ich mir nie Gedanken gemacht. Ich benutze die Datei einfach für die Installation von WordPress auf dem PC im Webspace.

Hinweis:

Es kann sein, dass Ihnen Duplicator für den Download als erstes die ZIP-Datei statt der Datei „installer.php" anbietet. In welcher Reihenfolge Sie die beiden Dateien aus WordPress herunterladen, spielt keine Rolle.

Wenn Sie die Menüfolge „**Duplicator-Archive**" in WordPress auf dem PC benutzen, sehen Sie jetzt das eben erstellte Archiv.

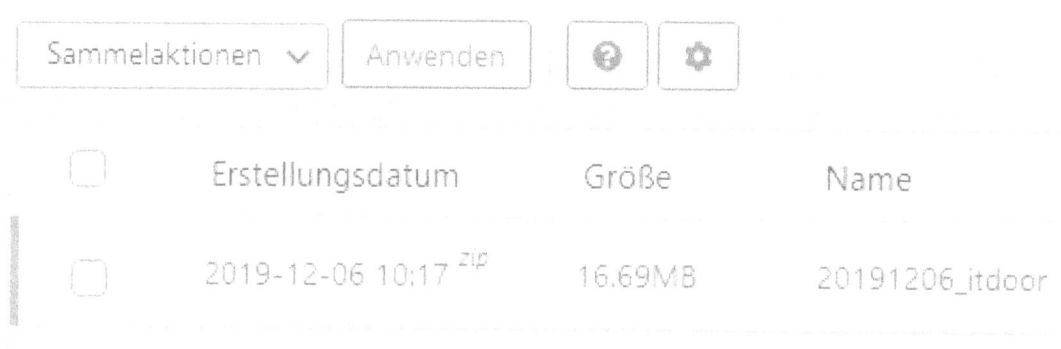

Abbildung 60 Liste der Archive bei Duplicator

Das ist die Liste der Archive bei Duplicator. Diese Liste umfasst nur ein Archiv, da bisher nur ein Archiv mit Duplicator erstellt worden ist.

FileZilla als Transportvehikel

Das Transportpaket bzw. das Archiv von WordPress auf dem PC befindet sich immer noch auf dem PC. Um das Archiv in den Webspace zu transportieren, verwende ich das Programm FileZilla. Warum FileZilla? Das Programm ist kostenlos, es wird gefühlt alle 2 Wochen aktualisiert und ich benutze problemfrei das Programm schon seit Jahren.

Das soll Sie aber nicht daran hindern, für den Transport der ZIP-Archiv-Datei und der Datei „installer.php" ein anderes Programm zu benutzen.

Herunterladen und Installation von FileZilla

Wahrscheinlich haben Sie schon gemerkt, dass FileZilla Bestandteil von XAMPP ist. Warum mache ich mir trotzdem die Mühe, FileZilla als einzelnes Programm und damit von XAMPP getrennt zu installieren? Ich bin dann von XAMPP unabhängig. Sollte XAMPP eines Tages nicht mehr funktionieren, weil es z. B. zerschossen ist, kann ich immer noch FileZilla benutzen. Zumal die Installation von FileZilla recht einfach ist. Natürlich bleibt es Ihnen überlassen, ob Sie FileZilla separat herunterladen und installieren.

Für die Benutzung des Programmes FileZilla innerhalb des XAMPP-Paketes finden Sie z. B. hier Erklärungen:

- https://www.betterhostreview.com/xampp-ftp-server.html

FileZilla können Sie z. B. hier herunterladen.

- https://www.heise.de/download/product/filezilla-18785/download

Ich lade FileZilla Version 3.46.0 herunter und erhalte im Download-Verzeichnis von Windows die Datei FileZilla_3.46.0_win64-setup.exe mit einer Größe von circa 8 MB.

Diese Datei führe ich aus. Eine der Installationsmasken sieht so aus.

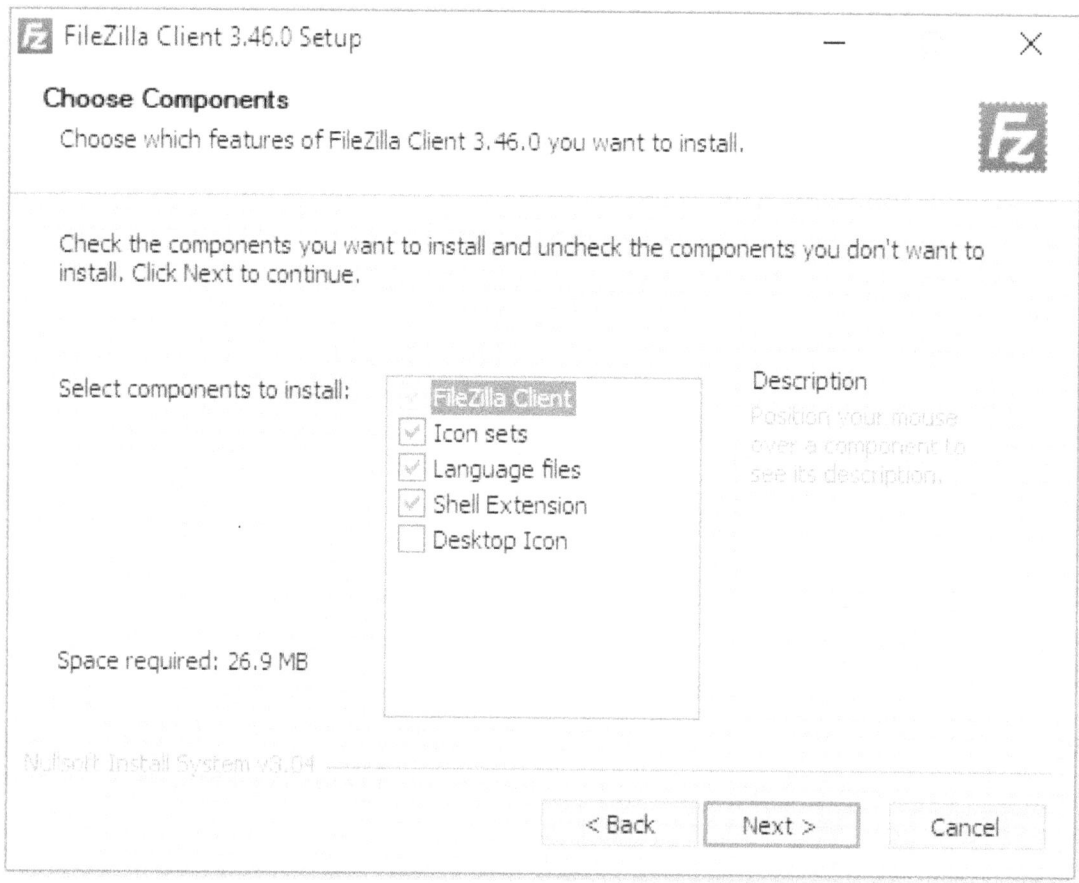

Abbildung 61 FileZilla Komponenten auswählen

Ich klicke der Einfachheit halber auf den Button „Next". Danach wird mir ein Installationsverzeichnis für FileZilla vorgeschlagen.

Abbildung 62 Installationsverzeichnis für FileZilla festlegen

Da ich den Vorschlag von FileZilla akzeptiere, klicke ich auf den Button „Next".

In der dann folgenden Maske übernehme ich den Vorschlag von FileZilla für das Verzeichnis des Startmenüs und klicke in dieser Maske auf den Button „Install".

Die Installation von FileZilla dauerte auf meinem kleinen Test-PC circa 15 Sekunden.

Abbildung 63 Die Installation von FileZilla ist beendet

Viel einfacher kann man ein Programm kaum installieren. Wenn sich FileZilla dann öffnet, wird Ihnen zudem ein Pop-up mit diesen Links angeboten.

Abbildung 64 Hilfe und Dokumentation für FileZilla

Die Masken von FileZilla erscheinen automatisch in deutscher Sprache. Ich habe dafür keine Einstellung vornehmen müssen.

Da ich FileZilla nicht nur einmal benutzen möchte, hefte ich FileZilla an die Taskleiste von Windows.

FileZilla für Transporte in den Webspace einstellen

Damit FileZilla das Archiv von Duplicator in den Webspace transportieren kann, muss FileZilla den Server kennen, auf dem mein WordPress im Webspace gespeichert ist oder gespeichert werden soll.

Verbindung zum Server des Hosters herstellen

Für diesen Zweck bietet mir FileZilla bereits in der Startmaske die folgenden Felder an:

Server

Benutzername

Passwort

Port

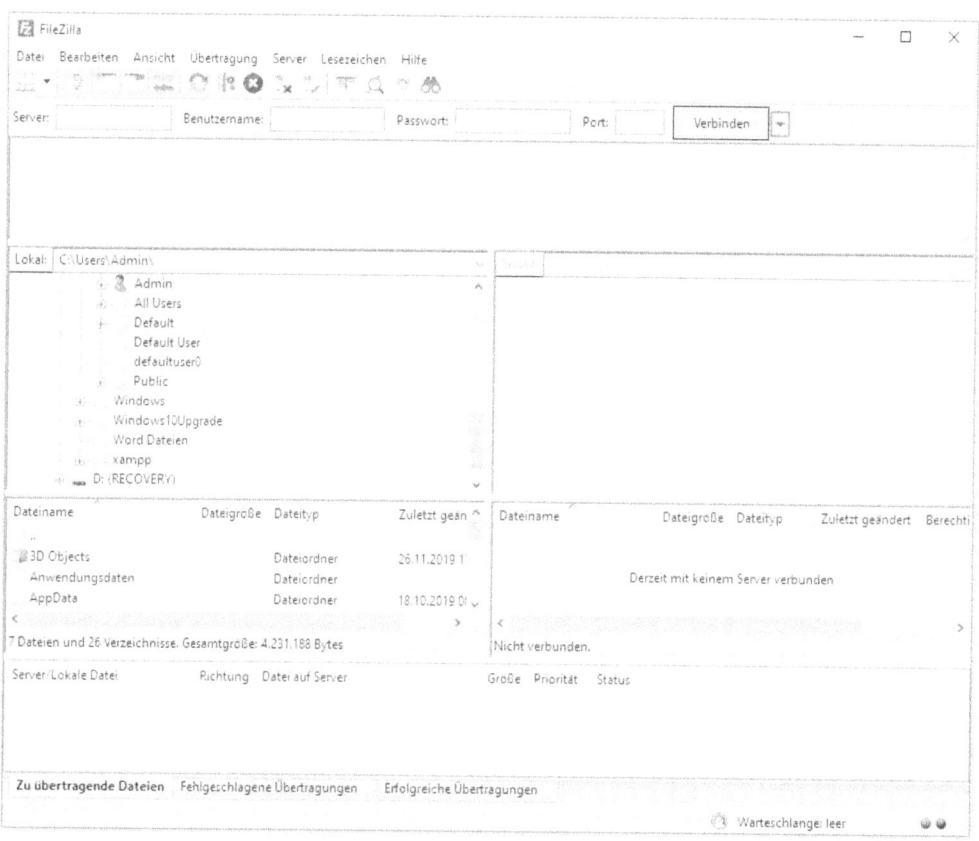

Abbildung 65 Startmaske von FileZilla

Die Bezeichnung für den Server, den Benutzernamen und das Passwort hatte mir mein Hoster mitgeteilt. Diese Daten tippe ich oben in dieser Maske ein.

Das Passwort für die Verbindung zum Server des Hosters ist übrigens nicht identisch mit dem Passwort für die Datenbank des Hosters.

Das Feld „Port" lasse ich leer. Sollte bei Ihnen die Angabe einer Portnummer notwendig sein, dann fragen Sie bitte Ihren Hoster.

Nachdem ich rechts oben auf den Button „Verbinden" geklickt hatte, erschien diese Maske.

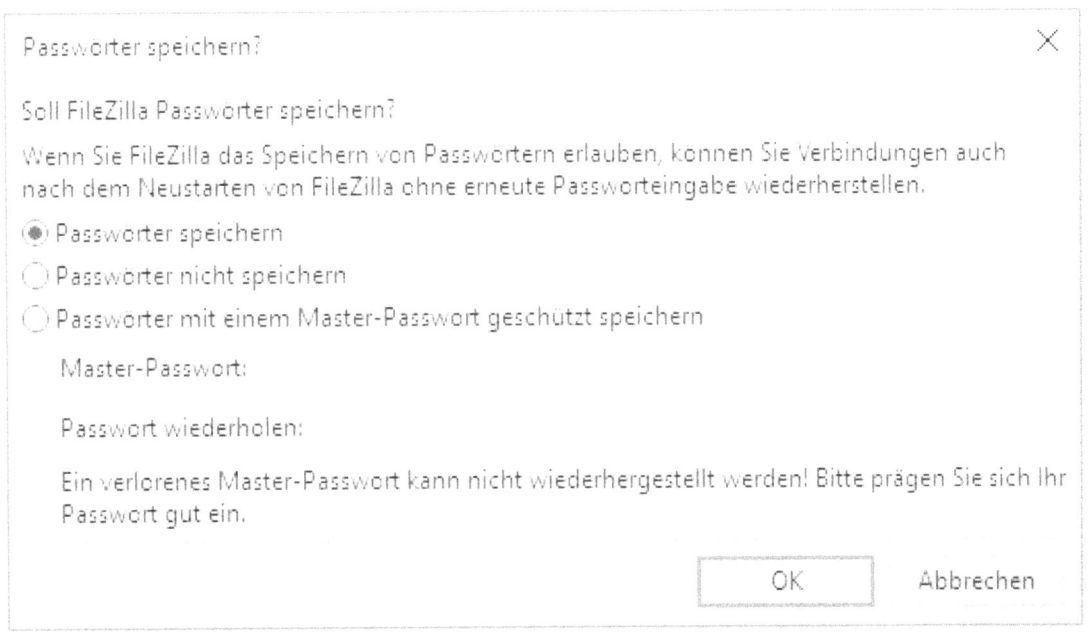

Abbildung 66 Passwortoptionen von FileZilla

Ich überlasse es Ihnen, für welche der Optionen Sie sich entscheiden.

Ich entscheide mich hier dafür, Passwörter mit einem Master-Passwort zu schützen. Das hat zur Folge, dass ich jedes Mal, das Master-Passwort eingeben muss, wenn ich die Verbindung zum Server des Hosters herstelle.

Ich klicke auf den Button „OK". Danach erscheint die Maske „Unbekanntes Zertifikat".

Oben in dieser Maske steht folgender Text.

Das Zertifikat des Servers ist unbekannt. Bitte überprüfen Sie es sorgfältig, um sicherzustellen, dass Sie dem Server vertrauen können.

In dieser Maske ist bei „Allgemeiner Name" und bei „Alternative Namen" der Name meines Hosters erwähnt.

In dieser Maske setze ich ein Häkchen bei „Zertifikat zukünftig immer vertrauen".

Wenn ich dem Zertifikat meines Hosters nicht vertrauen kann, welchem Zertifikat soll ich dann vertrauen können?

Danach konnte die Verbindung zum Server meines Hosters hergestellt werden. Oben links in FileZilla kann das so aussehen.

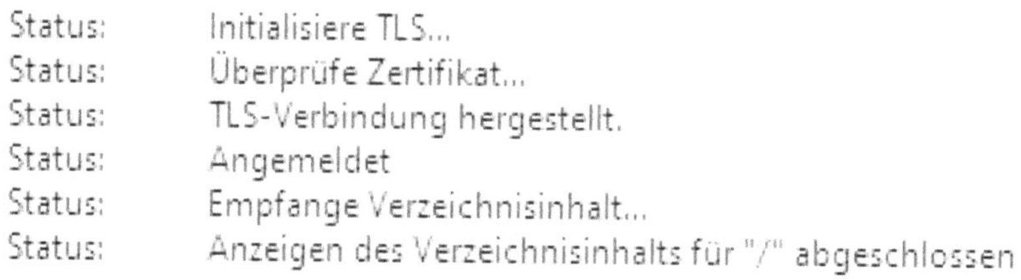

```
Status:    Initialisiere TLS...
Status:    Überprüfe Zertifikat...
Status:    TLS-Verbindung hergestellt.
Status:    Angemeldet
Status:    Empfange Verzeichnisinhalt...
Status:    Anzeigen des Verzeichnisinhalts für "/" abgeschlossen
```

Abbildung 67 FileZilla: Verbindung zum Server des Hosters hergestellt

Aber auch im unteren Teil der Maske von FileZilla kann man erkennen, dass die Verbindung zum Server meines Hosters gelungen ist.

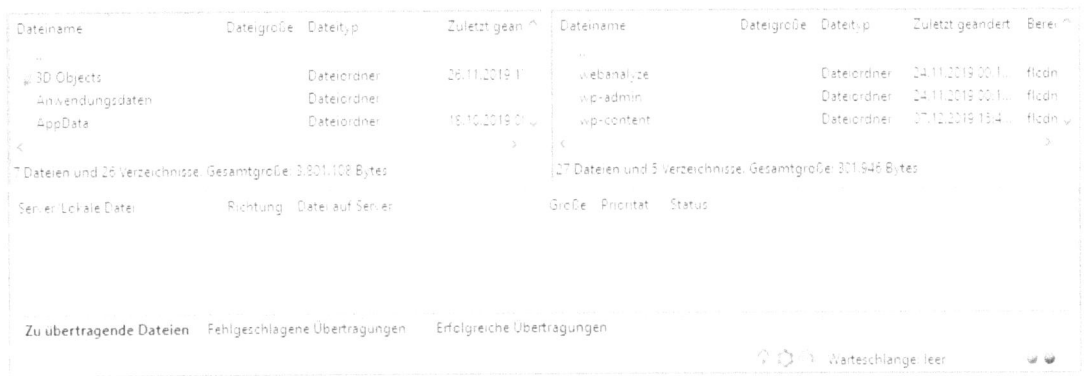

Abbildung 68 Linke Seite: Mein PC - Rechte Seite: Der Server des Hosters

Sie sehen nämlich auf der linken Seite Verzeichnisse von meinem Test-PC und auf der rechten Seite sehen Sie Verzeichnisse von WordPress im Webspace bzw. vom Server des Hosters.

Ob das bei jedem Hoster genauso aussieht, vermag ich nicht zu beurteilen. Aber die Bezeichnung für den Server, den Benutzername und das Passwort sollten immer verlangt werden. Falls bei Ihnen die Angabe einer Portnummer notwendig sein sollte, würde ich Ihren Hoster fragen.

Hinweis:

FileZilla zeigt als Speicherverbrauch der Website auf den Server circa 301 MB an. Darin eingeschlossen ist nicht die Größe der Datenbank. FileZilla addiert in erster Linie die Größe der Dateien zusammen.

Mein Hoster rechnet aber nicht wie FileZilla die Dateigrößen zusammen, sondern addiert die Größe von Blöcken. Dabei hat jeder Block mindestens 4 KB, auch wenn der Inhalt des Blockes in Wirklichkeit einen geringeren Speicherverbrauch hätte.

Das führte dazu, dass damals der Speicherverbrauch der Website von ItDoor in der Gesamtheit der Blöcke circa 410 MB war, anstatt nur circa 301 MB als

Summe der Dateigrößen. Die Berechnung nach Blöcken kann somit zu höheren Hosting-Kosten führen, als die Berechnung nach Dateigrößen.

Falls Sie sich für dieses Thema tiefer interessieren, finden Sie bei den Stichwörtern Block Storage und Blocksize im Internet weitere Informationen.

Den Verbindungsaubau zum Server des Hosters vereinfachen

Hier nun einige Tipps, wie man den Verbindungsaufbau zum Server des Hosters vereinfachen bzw. angenehmer gestalten kann.

Die Verbindungsdaten für den Server des Hosters fest hinterlegen

Da ich nicht bei jeder Verbindung zum Server des Hosters die Verbindungsdaten neu eingeben möchte, suche ich nach einer Möglichkeit die Verbindungsdaten abspeichern zu können.

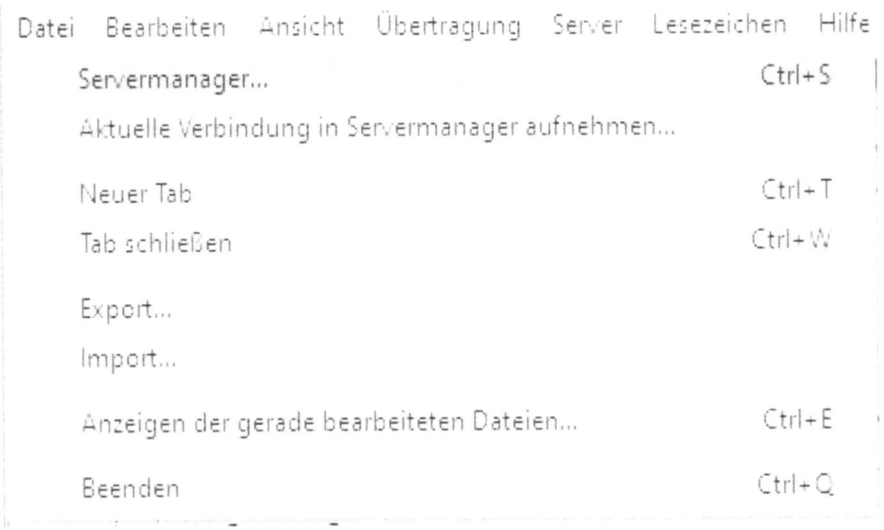

Abbildung 69 FileZilla: Menüpunkt Servermanager

Hinweis:

Den Menüpunkt „Aktuelle Verbindung in Servermanager aufnehmen" kann man dazu benutzen, die aktuellen Verbindungsdaten für einen neu angelegten Server zu übernehmen (siehe in diesem Kapitel die Ausführungen zu Server „Host").

Da ich im Augenblick nicht mit dem Server des Hosters verbunden bin, benutze ich die Menüfolge „**Datei-Servermanager**". Daraufhin bietet mir FileZilla die Maske „Servermanager" an.

Abbildung 70 FileZilla: Neuen Server anlegen

Auf der rechten Seite sehen Sie Voreinstellungen von FileZilla. Auf der linken Seite klicke ich auf den Button „Neuer Server". Daraufhin erscheint diese Maske.

Abbildung 71 FileZilla: Im selbst erstellten Server die Verbindungsdaten hinterlegen

Wie Sie sehen, habe ich bereits als Namen für den neuen Server „Host" eingetragen. Sie können natürlich einen anderen Namen für den neuen Server verwenden. Vielleicht den Namen Ihres Hosters?

Noch nicht auf dieser Maske habe den Namen des Servers des Hosters, den Benutzer und das Passwort für den Server des Hosters eingetragen. Hier hinterlege ich die gleichen Daten wie vorhin, als ich die Startmaske von FileZilla für die erste Verbindung zum Server des Hosters benutzt hatte (siehe Kapitel „Verbindung zum Server des Hosters herstellen"). Also die Daten, die ich von meinem Hoster erhalten hatte.

Hinweis:

Das Verzeichnis „Eigene Server" lässt sich übrigens nicht direkt für die Hinterlegung von Verbindungsdaten nutzen. Da hier die Felder „Server", „Benutzer" und „Passwort" grau bleiben und somit nicht eingabebereit sind.

Zudem ist bei dem Verzeichnis „Eigene Server" die Registerkarte „Erweitert" nicht aufrufbar.

In dem folgenden Screenshot können Sie sehen, wie ich meinen Server „Host" in FileZilla aufrufen kann.

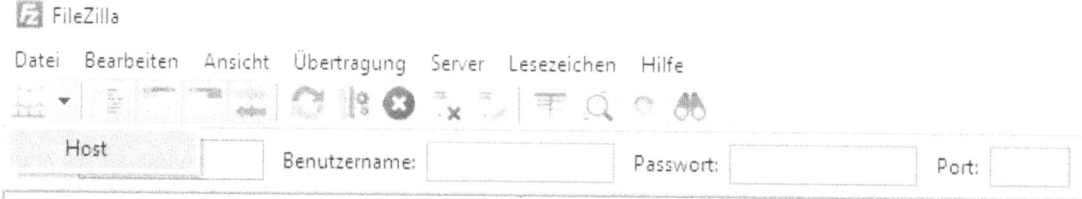

Abbildung 72 Aufruf meines Servers "Host" in FileZilla

Außerdem sehen Sie, dass bei einem erneuten Aufruf von FileZilla, die hier vorhin eingegebenen Verbindungsdaten, nicht mehr zur Verfügung stehen. Die Verbindungsdaten sind also nicht abgespeichert worden. Das macht aber nichts. Denn ich habe ja jetzt den Server „Host" dafür.

Denn wenn ich ab jetzt hier auf „Host" klicke, gebe in der nächsten Maske noch kurz das vorhin definierte Master-Passwort ein, klicke dort auf den Button „OK" und bin mit dem Server des Hosters verbunden.

Das Ziel, dass ich nicht bei jedem Verbindungsaufbau die Verbindungsdaten neu eingeben muss, ist also erreicht.

Beim Schließen von FileZilla und damit auch beim Schließen der Verbindung mache ich es mir recht einfach. Ich klicke ganz oben rechts auf das kleine „x", das manche auch als Kreuz bezeichnen. Ich schließe FileZilla, so wie auch ich eine Word-Datei schließe.

Hinweis:

Bitte immer daran denken, dass Sie FileZilla nach jedem Transport schließen! Sonst nützt Ihnen das Master-Passwort oder eine andere Art von Passwort gar nichts, wenn die Verbindung aus Versehen tagelang offensteht.

Die Verzeichnisse für den Transport von WordPress fixieren

Ich möchte, dass FileZilla mir von meinem Test-PC nicht irgendwelche Verzeichnisse anzeigt, sondern zu dem Verzeichnis springt, in das neueste Archiv von Duplicator und die neueste Version von der Datei installer.php liegen. Ich könnte natürlich mein Download-Verzeichnis in Windows dafür benutzen, wo jetzt schon das neueste Archiv von Duplicator und die neueste installer.php zu finden sind (siehe oben Kapitel „Mit Duplicator ein Archiv bzw. ein Backup erstellen").

Sie können das natürlich so machen. Aber ich möchte es schon etwas schicker haben. Daher lege ich im Windows Explorer das Verzeichnis „1wpaufpc" direkt unter „Windows (C:)" an. Dieses neu angelegte Verzeichnis beginnt mit „1", damit dieses Verzeichnis das erste Verzeichnis unter „Windows (C:)" ist. Da muss ich nicht lange nach dem Verzeichnis im Windows Explorer suchen. Anschließend verschiebe mein Archiv von Duplicator und die Datei „installer.php" vom Download-Verzeichnis in das neue Verzeichnis „1wpaufpc".

Ferner erstelle ich das Verzeichnis „wpaufpcalt" als Unterverzeichnis des Verzeichnisses „1wpaufpc". Warum? Weil ich bei jedem neuen Archiv von Duplicator eine neue Datei „installer.php" erhalte. Ich möchte in dem Verzeichnis „1wpaufpc" nur eine, und zwar die aktuellste Datei „installer.php" haben. Dort soll auch nur das neueste Archiv von Duplicator sein. Das bedeutet, dass ich nach jedem Transport der Archiv-Datei von Duplicator und der Datei „installer.php", die beiden Dateien in das Verzeichnis wpaufpcalt" verschiebe.

Mein Verzeichnis für den Transport, das Verzeichnis "1wpaufpc", soll ein aufgeräumtes Verzeichnis sein. Das müssen Sie natürlich nicht unbedingt so machen.

Der Inhalt des Verzeichnisses „1wpaufpc" sieht jetzt im Windows Explorer so aus.

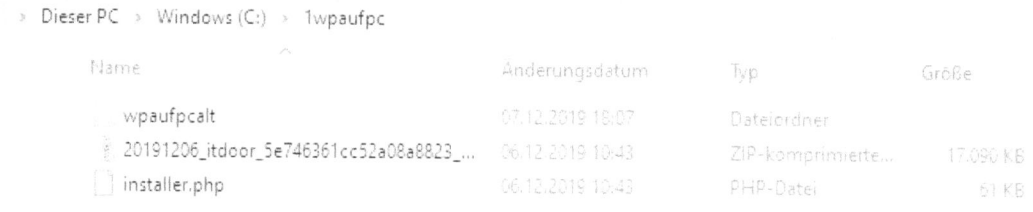

Abbildung 73 Verzeichnis „1wpaufpc" im Windows Explorer

Jetzt geht es darum, FileZilla so einzustellen, dass es das neue Verzeichnis „1wpaufpc" automatisch findet und auch das Verzeichnis auf dem Server, in dem sich WordPress befindet (Root-Verzeichnis).

Wie weiß man, welches Verzeichnis auf dem Server des Hosters das Root-Verzeichnis ist? Mein Hoster hat es mir mitgeteilt.

Davon abgesehen ist das Root-Verzeichnis das Verzeichnis, in dem sich z. B. die WordPress-Ordner wp-admin, wp-content und wp-includes befinden. Ist das Root-Verzeichnis leer, helfen einem die Namen dieser Ordner natürlich nichts.

Hier in diesem Beispiel ist das Root-Verzeichnis httpdocs.

Das Root-Verzeichnis für WordPress muss aber nicht immer das Verzeichnis httpdocs sein.

So kann das Root-Verzeichnis z. B. auch „public_html" heißen.

Um 2 Verzeichnisse für den Transport zu fixieren, benutze ich die Menüfolge „**Datei-Servermanager**" und suche den Server „Host" aus. In der sich dann öffnenden Maske klicke ich auf die Registerkarte „Erweitert".

Abbildung 74 FileZilla: Servermanager Registerkarte Erweitert

Wie Sie sehen, habe in dem Feld „Lokales Standard-Verzeichnis" die Zeichenfolge „C:\1wpaufpc" eingetragen.

Das Verzeichnis „C:\1wpaufpc", als lokales Standard-Verzeichnis können Sie übrigens über den Button „Durchsuchen" finden.

Das Feld „Standard-Verzeichnis auf Server" habe ich mit „/httpdocs", dem Namen des Root-Verzeichnisses, gefüllt. Ich klicke auf den Button „OK", um diese Änderungen abzuspeichern.

Stelle ich jetzt - wie oben beschrieben – die Verbindung zum Server meines Hoster her, dann sieht das dann so aus (Teilsicht).

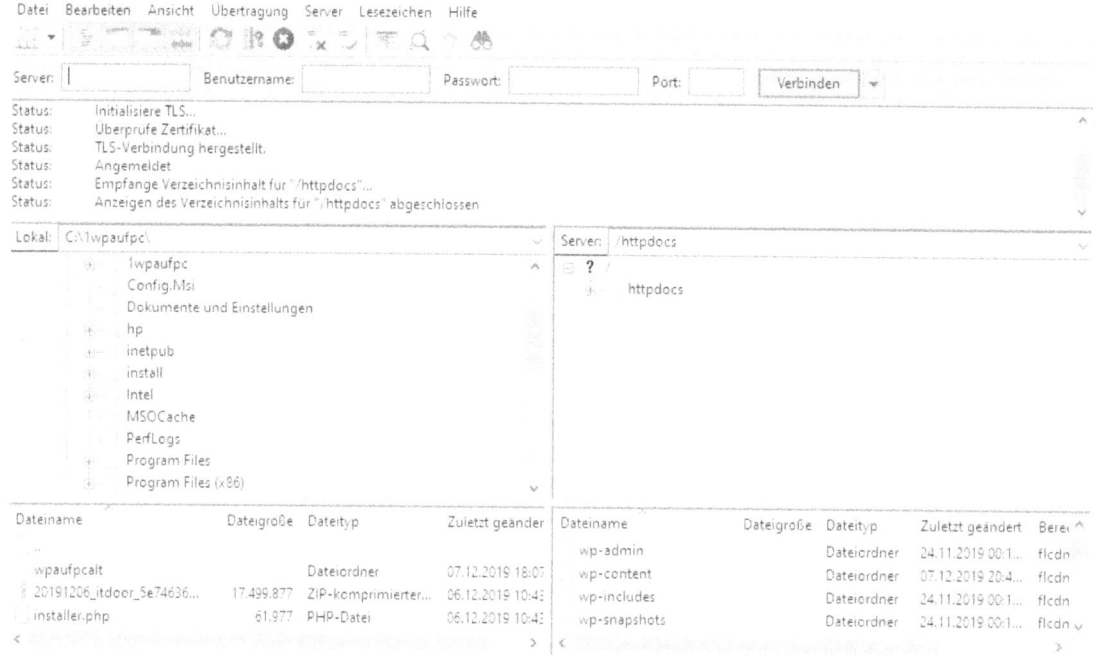

Abbildung 75 FileZilla hat die Verzeichnisse „1wpaufpc" und „httpdocs" gefunden.

Eine Etage tiefer sehen Sie auf der linken Seite die beiden Dateien, die zum Server des Hosters transportiert werden sollen. Auf der rechten Seite sehen Sie einige Verzeichnisse von WordPress auf dem Server des Hosters.

WordPress vom PC auf den Server des Hosters transportieren

Mein PC ist mit dem Server des Hosters verbunden. Ich ziehe nun mit der rechten Maus die Archiv-Datei von Duplicator hinüber in das Root-Verzeichnis des Servers (hier httpdocs) meines Hosters.

Ich lade nun die Archiv-Datei von Duplicator auf den Server des Hosters hoch, indem ich diese mit der Maus auf die rechte Seite kopiere.

Der Übertragungsvorgang sieht dann bei FileZilla so aus (Teilsicht).

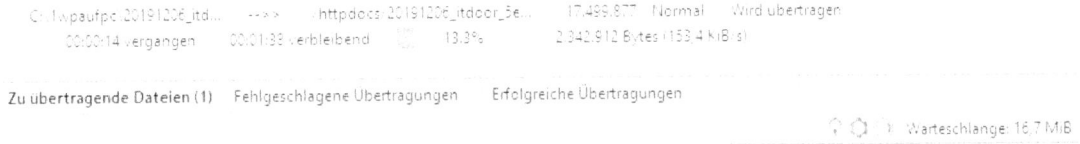

Abbildung 76 Übertragungsvorgang (Upload) bei FileZilla

Auch die Datei „installer.php" lade ich auf diese Art und Weise hoch.

Nachdem nun beide Dateien auf den Server des Hosters transportiert worden sind, kann das dann auf dem Server des Hosters so aussehen.

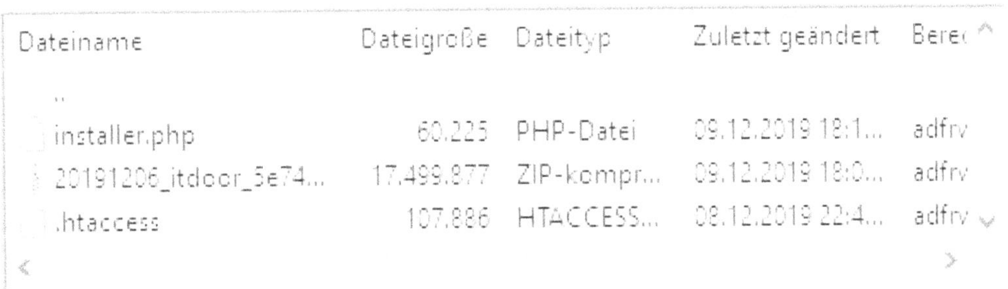

Abbildung 77 WordPress auf dem PC ist nun im Webspace

Damit ist der Transportvorgang beendet.

Im Dashboard von WordPress im Webspace ist allerdings zu sehen, dass ein Transportvorgang bzw. ein Migrationsvorgang stattgefunden hat. Denn dort ist folgender Text zu finden.

Migration fast beendet!

Reservierte Installationsdateien von Duplicator wurden im Stammverzeichnis entdeckt. Bitte lösche diese Installationsdateien, um Sicherheitslücken zu vermeiden.

Gehe zu: Duplicator > Werkzeuge > Information > Gespeicherte Daten und klicke den Button "Installationsdateien entfernen".

Die .htaccess-Datei, die Sie da oben in dem Screenshot sehen, ist übrigens kein Ergebnis dieses Transportvorganges. Sie war bereits vor dem Transport auf dem Server des Hosters vorhanden.

In der Archiv-Datei von Duplicator ist die .htaccess-Datei von Ihrem WordPress auf dem PC enthalten. Schließen Sie die IP-Adressen von Hackern in der .htaccess-Datei im Webspace aus, stellt sich die Frage, ob Sie diese IP-Adressen auch bei Ihrem WordPress auf dem PC auf eine schwarze Liste setzen. Das macht dann Sinn, wenn ein Hacker immer die gleiche IP-Adresse benutzt. Das kommt schon vor. Oder es kann sich auch lohnen, Bereiche von IP-Adressen auszuschließen, sowohl im Webspace als auch auf dem PC auszuschließen. Allerdings gibt es auch Hacker mit stark variierenden IP-Adressen. Bei dieser Gruppe von Hackern lohnt es sich nicht, IP-Adressen oder Bereiche von IP-Adressen auch auf dem PC auszuschließen. Folglich ist es nur teilweise ein Nachteil, wenn die .htaccess-Datei auf dem PC nicht so gut gepflegt ist wie im Webspace.

Hinweis:

Bitte achten Sie darauf, dass Sie die Archiv-Datei und die installer.php-Datei auch wirklich in das Root-Verzeichnis transportieren. Bitte nicht die Dateien in ein Unterverzeichnis des Root-Verzeichnisses transportieren. Die Archiv-Datei soll von Duplicator im Root-Verzeichnis entpackt werden. Sie sehen in FileZilla, in welches Verzeichnis Sie transportieren (siehe Kapitel „Die Verzeichnisse für den Transport von WordPress fixieren").

Hinweis:

Man könnte daran denken, vor dem Transport der beiden Dateien alle Verzeichnisse und Dateien im Root-Verzeichnis zu löschen. Das bedeutet aber, dass Ihre WordPress-Website noch länger nicht zur Verfügung steht.

Beispiel:

Transport der beiden Dateien dauert 20 Minuten. Löschung der Dateien im Root-Verzeichnis nimmt 10 Minuten in Anspruch.

Löschen Sie erst und transportieren Sie dann, steht Ihre WordPress-Website insgesamt 30 Minuten nicht zur Verfügung.

Transportieren Sie erst und löschen dann das gesamte Root-Verzeichnis mit Ausnahme der beiden o. g. Dateien, die gerade transportiert worden sind, ist Ihre WordPress-Website entsprechend diesem Beispiel nur 10 Minuten nicht erreichbar.

Die geringe Zeitspanne, die man für das Entpacken der Archiv-Datei von Duplicator braucht (siehe Kapitel „Die Archiv-Datei auf dem Server des Hosters entpacken"), habe ich in diesem Beispiel vernachlässigt.

Das WordPress von dem PC im Webspace installieren

Die Archiv-Datei von Duplicator und die Datei „installer.php" befinden sich nun um Webspace. Damit ist das WordPress von Ihrem PC im Webspace noch nicht installiert. Soweit in der Archiv-ZIP-Datei neue Beiträge oder Seiten enthalten sein sollten, sind diese im Internet auf Ihrer WordPress-Website noch nicht veröffentlicht. Gleiches gilt für Änderungen von schon bestehenden Beiträgen und Seiten. Auch eventuell neu vorhandene Einstellungen in WordPress zeigen im Internet vor der Entpackung des Transportpaketes noch nicht ihre Wirkung.

Vermeidung der Meldung: packaged zip file was not found

Bevor ich damit starte, WordPress von dem PC im Webspace zu installieren, lösche ich im Internet Explorer temporäre Dateien, den Browserverlauf, Cookies etc.

Dazu benutze ich im Internet Explorer die Menüfolge „**Extras-Internetoptionen**". Auf dem Pop-up „Internetoptionen" klicke ich dann auf den Button „Löschen".

Seitdem ich das regelmäßig mache, kam bei mir nie mehr die Meldung: „packaged zip file was not found" auf der Maske „Step 1 of 4: Deployment" von Duplicator (siehe Kapitel „Start der Installation von dem WordPress von meinem PC im Webspace").

Start der Installation von dem WordPress von meinem PC im Webspace

Sie löschen im Root-Verzeichnis auf dem Server Ihres Hoster alle Verzeichnisse und Dateien, außer der Archiv-ZIP-Datei und der Datei „installer.php" (siehe Kapitel „WordPress auf dem Server des Hoster löschen"). Machen Sie das nicht, erscheint auf der Maske „Step 1 of 4: Deployment" die Warnmeldung „Overwrite Install" (siehe Kapitel „Warnmeldung: Overwrite Install").

Um mein WordPress von dem PC auf dem Server meines Hosters zu installieren, gebe ich http://www.itdoor.lu/installer.php in die Adresszeile bzw. URL-Zeile meines Browsers ein.

Abstrakt betrachtet, ist also Folgendes einzugeben, falls Ihre Website die Länderkennung „de" haben sollte.

- https://www.meinewebpage.de/installer.php

Spätestens jetzt wird klar, warum die Datei „installer.php" gebraucht wird. Diese Datei entpackt die Archiv-Datei von Duplicator.

Nachdem ich o. g. URL in die Adresszeile bzw. URL-Zeile meines Browsers eingegeben hatte, bietet Duplicator mir diese Maske an.

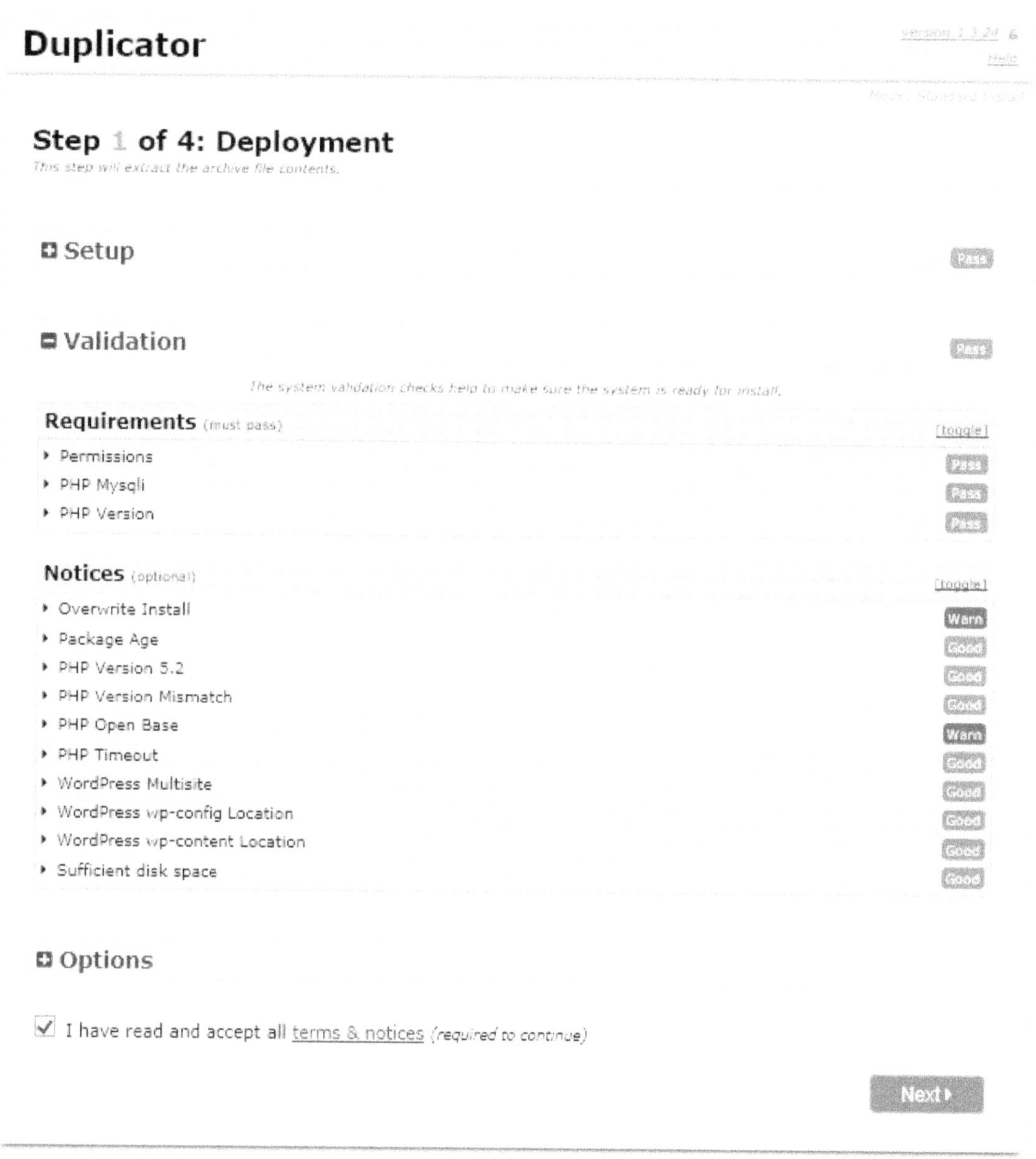

Duplicator

version: 1.1.24
Help

Step 1 of 4: Deployment
This step will extract the archive file contents.

⊞ Setup   `Pass`

⊟ Validation   `Pass`

The system validation checks help to make sure the system is ready for install.

Requirements (must pass)   [toggle]
- Permissions   `Pass`
- PHP Mysqli   `Pass`
- PHP Version   `Pass`

Notices (optional)   [toggle]
- Overwrite Install   `Warn`
- Package Age   `Good`
- PHP Version 5.2   `Good`
- PHP Version Mismatch   `Good`
- PHP Open Base   `Warn`
- PHP Timeout   `Good`
- WordPress Multisite   `Good`
- WordPress wp-config Location   `Good`
- WordPress wp-content Location   `Good`
- Sufficient disk space   `Good`

⊞ Options

☑ I have read and accept all terms & notices *(required to continue)*

`Next ▶`

Abbildung 78 Duplicator Step 1of 4: Deployment für Installation von WordPress im Webspace

Der Button „Next" erhält erst dann eine blaue Farbe und wird somit erst dann aktiviert, wenn man ein Häkchen bei „I have read and accept all terms & notices (required to continue)" gesetzt hat.

Dieses Häkchen muss man nicht sofort setzen. Man kann erst mal in Ruhe die Warnmeldungen lesen.

Hinweis:

Mit dem Aufruf der Maske „**Step 1 of 4: Deployment**" entstehen temporär das Verzeichnis „dup-installer" und die Datei „dup-installer-bootlog__43d2700-191736212.txt" im Root-Verzeichnis. Wobei der Dateiname immer mit „dup-installer-bootlog__" beginnt und der Rest des Dateinamens bei jeder Ausführung von Duplicator anders ist. In einem anderen Fall hatte diese Datei den Namen „dup-installer-bootlog__43d2700-19173621.txt".

Sie brauchen sich um dieses Verzeichnis und diese Datei nicht kümmern, da beide nach dem Klick auf den Button „Admin Login" (siehe Kapitel „Datenbank für WordPress auf dem Server des Hosters installieren") und damit nach Beendigung des Transportes verschwunden sind.

Die Warnmeldung bei PHP Open Base

Ich klappe diese Warnmeldung auf und erhalte anschließend diesen Text von Duplicator.

„Open BaseDir: Enabled"

If open_basedir is enabled and yourhaving issues getting your site to install properly; please work with your host and follow these steps to prevent issues: 1.Disable the open_basedir setting in the php.ini file

2.If the host will not disable, then add the path below to the open_basedir setting in the php.ini

"/var/www/vhosts/itdoor.lu/httpdocs/dup-installer/views"

3.Save the settings and restart the web server

Note: This warning will still show if you choose option #2 and open_basedir is enabled, but should allow the installer to run properly. Please work with yourhosting provider or server administrator to set this up correctly.

Nach Rücksprache mit meinem Hoster ignoriere ich diese Warnmeldung schon seit Jahren.

Warnmeldung: Overwrite Install

Wie Sie anhand dieser Warnmeldung erkennen können, habe ich zu Demonstrationszwecken im Root-Verzeichnis nicht alle Verzeichnisse und Dateien außer der Archiv-ZIP-Datei und der Datei „installer.php" gelöscht.

Ich klappe diese Warnmeldung auf und erhalte anschließend diesen Text von Duplicator.

Deployment Path: /var/www/vhosts/itdoor.lu/httpdocs

Duplicator works best by placing the installer and archive files into an empty directory. If a wp-config.php file is found in the extractiondirectory it might indicate that a pre-existing WordPress site exists which can lead to a bad install.

Options: •If the archive was already manually extracted then [Enable Manual Archive Extraction]

•Empty the directory of all files, except for the installer.php and archive.zip/daf files.

•Advanced Users: Can attempt to manually remove the wp-config file only if the archive was manually extracted.

Daher lösche ich immer WordPress auf dem Server meines Hosters, bevor ich auf dem Server meines Hosters mein WordPress vom PC installiere.

WordPress auf dem Server des Hoster löschen

Ich lösche jetzt WordPress auf dem Server meines Hosters.

Dazu markiere ich alle Verzeichnisse und Dateien im Root-Verzeichnis des Servers meines Hosters.

Allerdings gibt es 4 Ausnahmen:

Die Identifikations- bzw. Verifikationsdateien für Google und Bing (siehe Kapitel „Mit Duplicator ein Archiv bzw. ein Backup erstellen"). Und außer der Archiv-ZIP-Datei und der Datei „installer.php".

So kann der Löschvorgang in FileZilla dann aussehen.

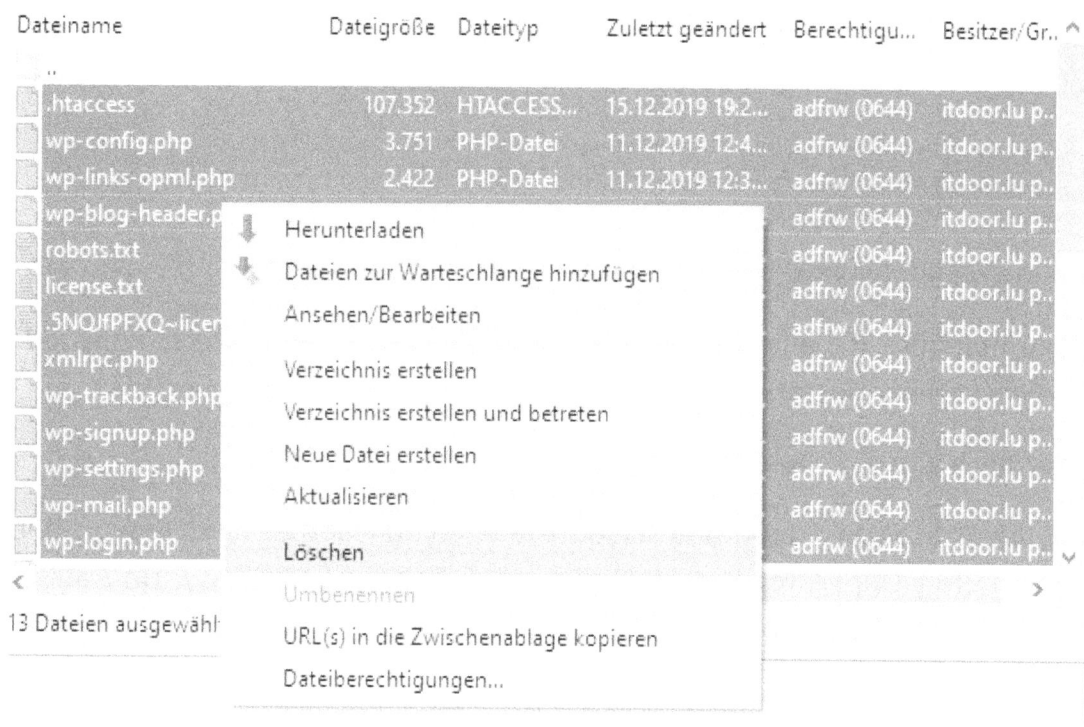

Abbildung 79 Verzeichnisse und Dateien im Root-Verzeichnis löschen

Sie markieren alle Verzeichnisse und Dateien – mit Ausnahme der beiden eben genannten Dateien – im Root-Verzeichnis. Anschließend klicken Sie mit der rechten Maustaste auf den Menüpunkt „Löschen".

Oben links in FileZilla können Sie genauer sehen, was gerade gelöscht wird.

```
Server:              Benutzername:              Passwort:
Status:   Lösche 9 Dateien aus "/httpdocs/wp-admin/user"
Status:   Empfange Verzeichnisinhalt für "/httpdocs/webanalyze"...
Status:   Anzeigen des Verzeichnisinhalts für "/httpdocs/webanalyze" abgeschlossen
Status:   Lösche 4 Dateien aus "/httpdocs/webanalyze"
Status:   Empfange Verzeichnisinhalt für "/httpdocs"...
Status:   Anzeigen des Verzeichnisinhalts für "/httpdocs" abgeschlossen
```

Abbildung 80 laufendes Löschprotokoll von FileZilla

Mit dem Status „Anzeigen des Verzeichnisinhalts für "/httpdocs" abgeschlossen" ist der Löschvorgang beendet.

Bei ItDoor hatte der Löschvorgang damals circa 14 Minuten gedauert.

Falls das Root-Verzeichnis leer sein sollte, können Sie natürlich trotzdem Verzeichnisse und Dateien von dem WordPress auf Ihrem PC im Root-Verzeichnis installieren.

Die Inhalte der Datenbank für WordPress werden auf dem Server des Hosters auf diese Art und Weise nicht gelöscht. Das übernimmt Duplicator (siehe Kapitel „Datenbank für WordPress auf dem Server des Hosters installieren") an anderer Stelle.

Zweiter Start der der Installation von dem WordPress von meinem PC im Webspace

Nach der Löschung von WordPress auf dem Server meines Hosters rufe ich die Maske „Step 1 of 4: Deployment" (siehe Kapitel „Start der Installation von dem WordPress von meinem PC im Webspace") erneut auf, um jetzt reibungslos mein WordPress vom PC auf dem Server meines Hosters zu installieren.

In der Tat erscheint jetzt die Warnmeldung „Overwrite Install" nicht mehr. Die Warnmeldung bei PHP Open Base ignoriere ich weiterhin.

Daher klicke ich in der Maske „Step 1 of 4: Deployment" unten rechts auf den Button „Next".

Die Archiv-Datei auf dem Server des Hosters entpacken

Daraufhin bietet mir Duplicator diese Maske an.

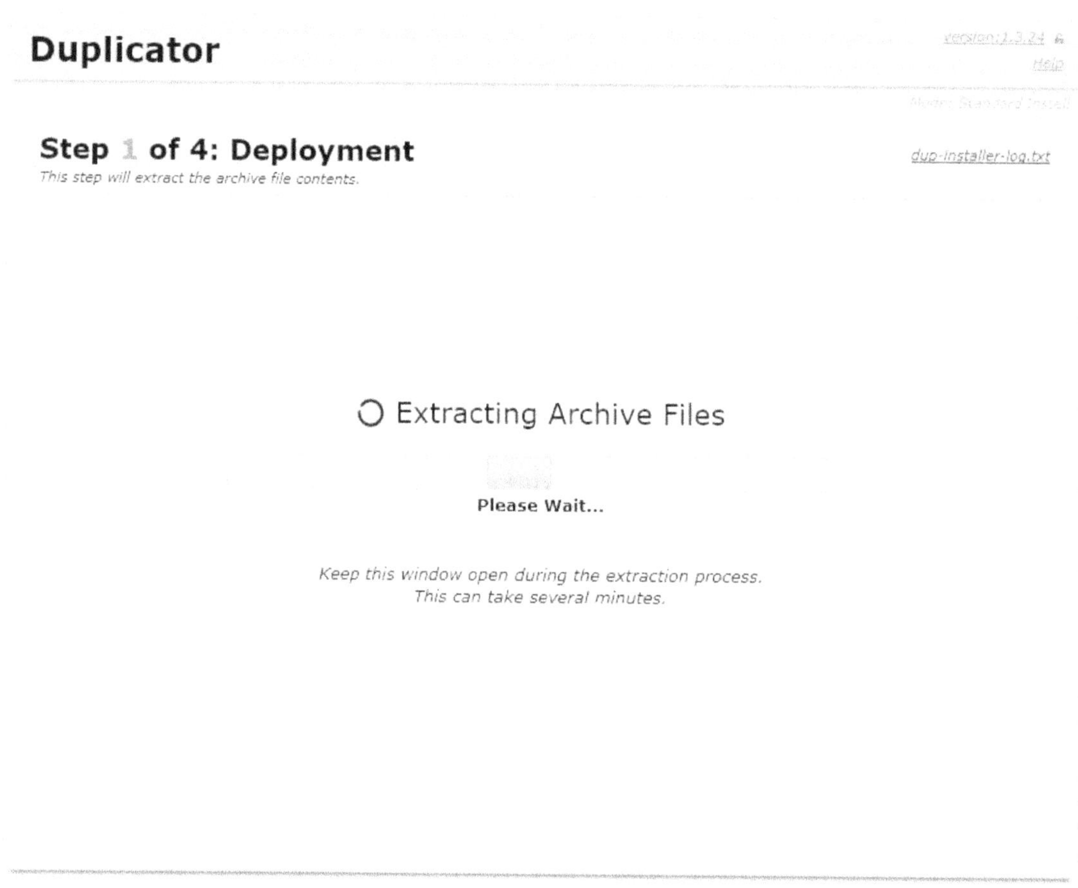
Duplicator
Step 1 of 4: Deployment
This step will extract the archive file contents.
dup-installer-log.txt
Extracting Archive Files
Please Wait...
Keep this window open during the extraction process.
This can take several minutes.

Abbildung 81 Duplicator entpackt die ZIP-Archiv-Datei

Wie die Maske schon vermuten lässt, entpackt Duplicator seine Archiv-ZIP-Datei. Wenn Sie möchten, können Sie diesen Vorgang in FileZilla mitverfolgen.

Datenbank für WordPress auf dem Server des Hosters installieren

Nachdem nun Dateien und Verzeichnisse im Root-Verzeichnis installiert sind, geht es nun in einem zweiten Schritt darum, die Datenbank von WordPress auf dem PC auf dem Server des Hosters zu installieren. Duplicator bietet dafür die Maske „Step 2 auf 4: Install Database“ an.

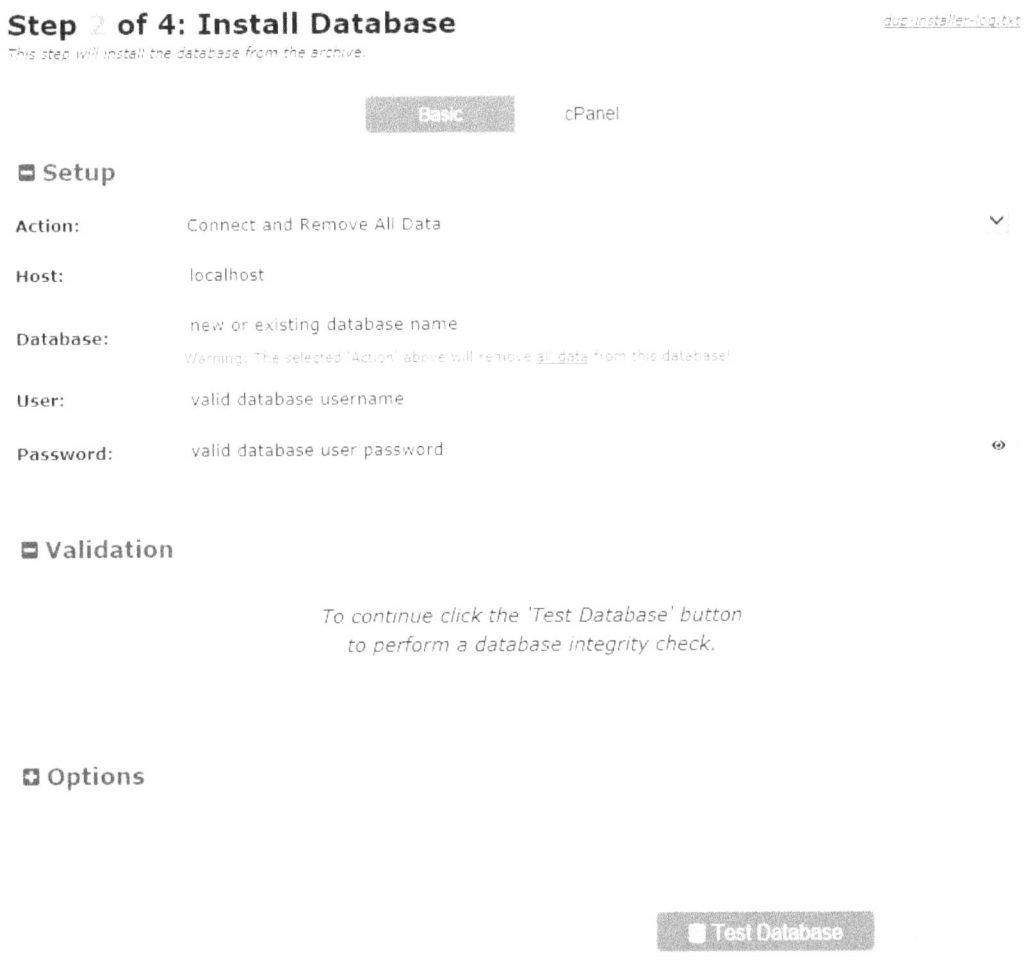

Abbildung 82 Duplicator Datenbank für WordPress auf dem Server des Hosters installieren

Als Host schlägt Duplicator „localhost" vor. Ich übernehme diesen Vorschlag.

Hier geben Sie den Namen der Datenbank, Ihren Benutzernamen für die Datenbank und Ihr Password für die Datenbank ein. Alle diese Daten hatte ich von meinem Hoster erhalten, der diese Daten festgelegt hatte. Der

Einfachheit halber kopiere ich diese Daten in diese 3 Felder aus einer extragelagerten Word-Datei hinein.

Da Sie das Passwort für WordPress festgelegt hatten und der Hoster das Passwort für die Datenbank bestimmt hatte, wäre es schon ein unglaublicher Zufall, wenn beide Passwörter identisch wären.

Wie Sie sehen, werden jetzt die Daten der Datenbank auf dem Server des Hosters gelöscht. Die Verzeichnisse und die Dateien von WordPress wurden ja im Root-Verzeichnis auch gelöscht, bevor dort die Verzeichnisse und die Dateien von WordPress auf dem PC installiert wurden.

Damit ich schnell und einfach die Integrität der Datenbank überprüfen kann, klicke ich unten rechts auf den Button „Test Database".

Daraufhin erhalte ich diese Feedback-Maske von Duplicator.

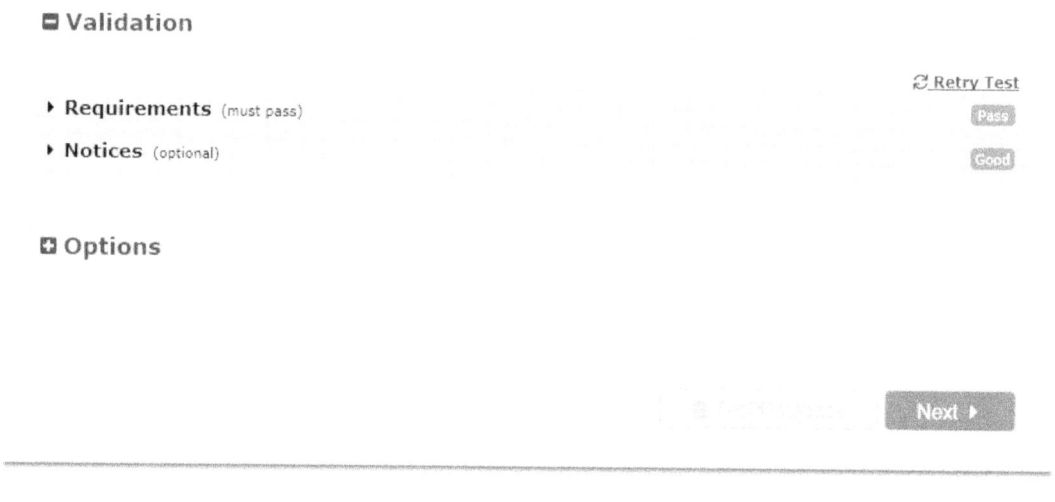

Abbildung 83 Duplicator: Datenbank erfolgreich getestet

Es ist also alles in Ordnung.

Da in all den Jahren hier an dieser Stelle mir nie Probleme gemeldet worden sind, kann ich über keine Probleme berichten.

Ich klicke unten rechts auf den Button „Next". Daraufhin erscheint diese Maske.

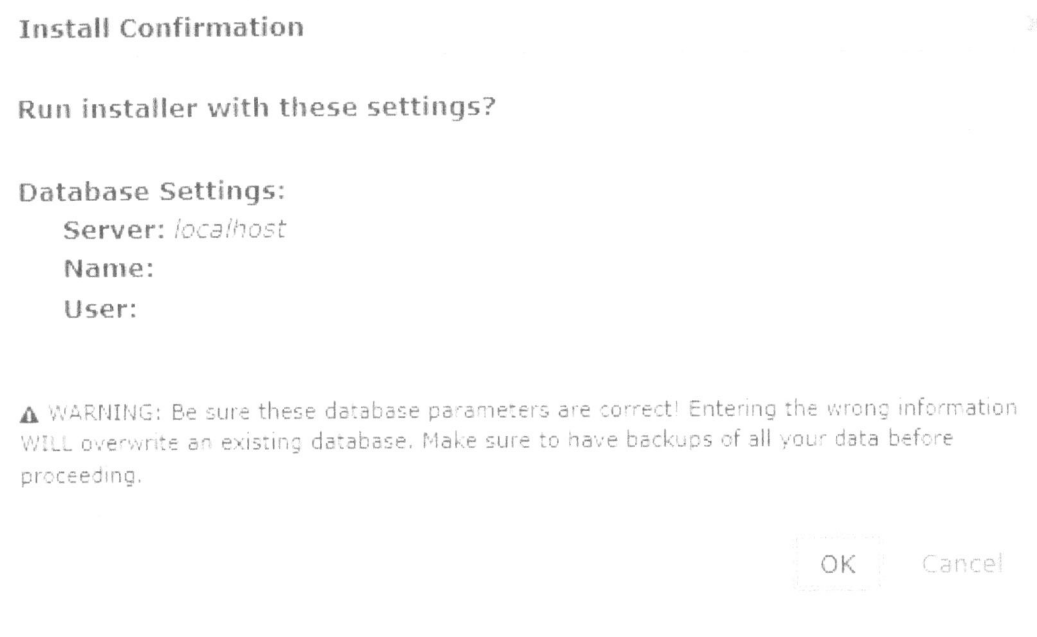

Abbildung 84 Duplicator: Sind diese 3 Angaben richtig?

In dieser Maske erscheinen der Name Ihrer Datenbank und Ihr Benutzername für Ihre Datenbank auf dem Server des Hosters.

Hier können Sie also nochmal überprüfen, ob Sie diese beiden Daten richtig eingegeben haben.

Ich bestätige, dass diese Datenbank-Parameter korrekt sind, indem ich auf den Button „OK" klicke.

Wie Sie gleich erkennen können, beginnt Duplicator erst dann die Datenbank zu installieren.

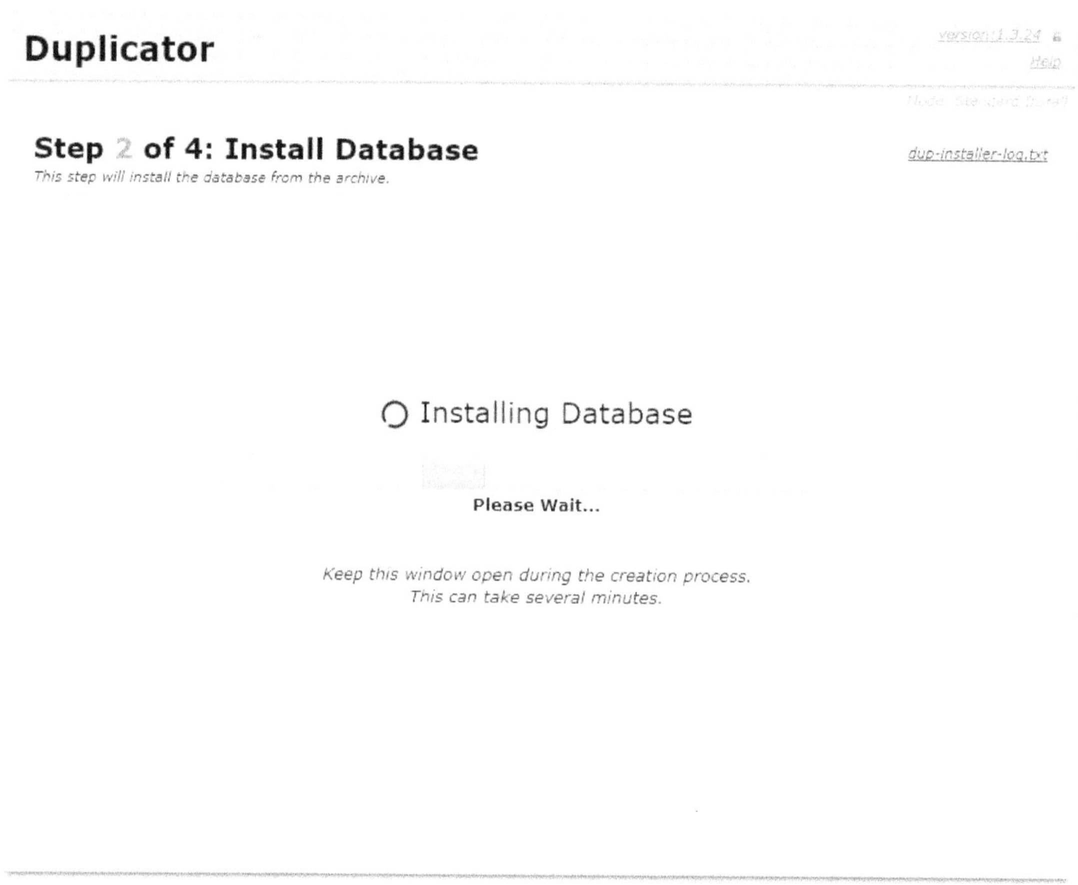

Duplicator

version 1.3.24

Help

Mode: Standard Install

Step 2 of 4: Install Database

dup-installer-log.txt

This step will install the database from the archive.

◯ Installing Database

Please Wait...

Keep this window open during the creation process.
This can take several minutes.

Abbildung 85 Duplicator installiert die Datenbank

Nachdem nun die Datenbank installiert ist, bietet Duplicator mir diese Maske an.

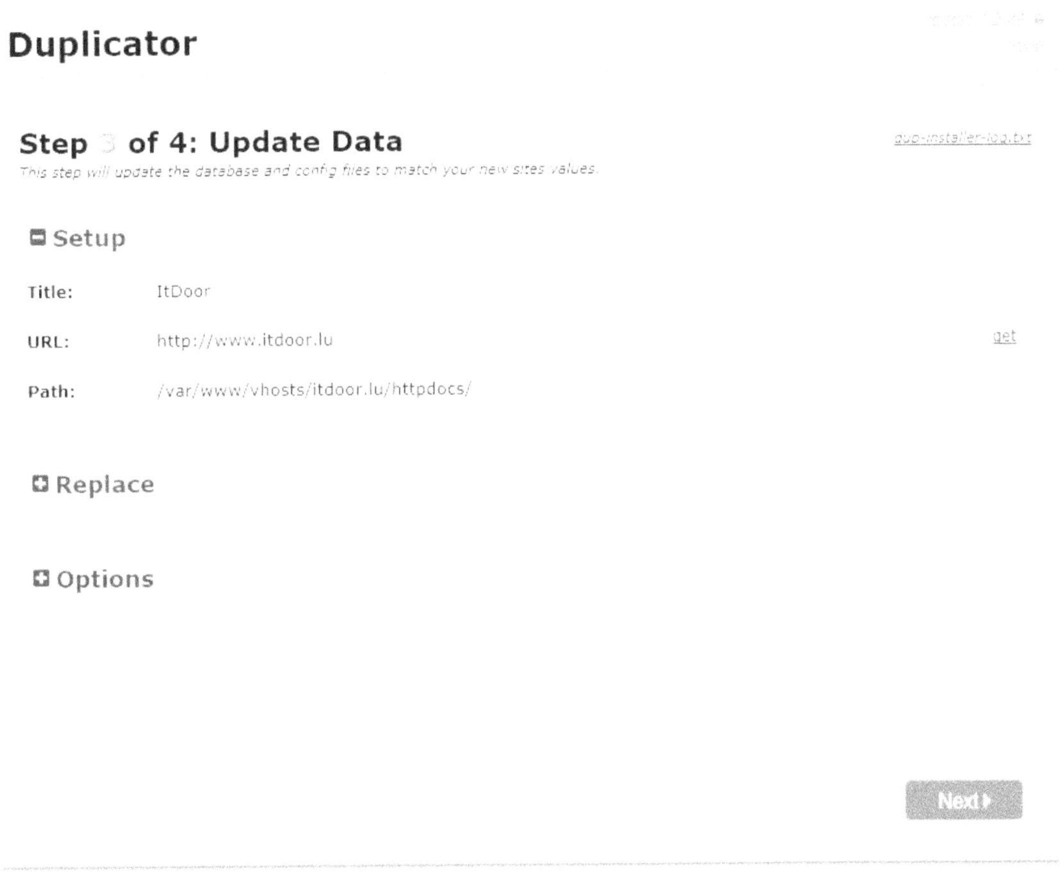
Duplicator
Step 3 of 4: Update Data
dup-installer-log.txt
This step will update the database and config files to match your new sites values.
Setup
Title:
ItDoor
URL:
http://www.itdoor.lu
get
Path:
/var/www/vhosts/itdoor.lu/httpdocs/
Replace
Options
Next

Abbildung 86 Duplicator Update Date WordPress vom PC in den Webspace

Bei Ihnen werden natürlich Title, URL und Path anders sein. Ich nehme diese Maske zur Kenntnis. Mehr mache ich hier nicht. Daher klicke ich einfach unten rechts auf den Button „Next“.

Daraufhin erscheint nochmal die Maske „Step 3 of 4: Update Data“.

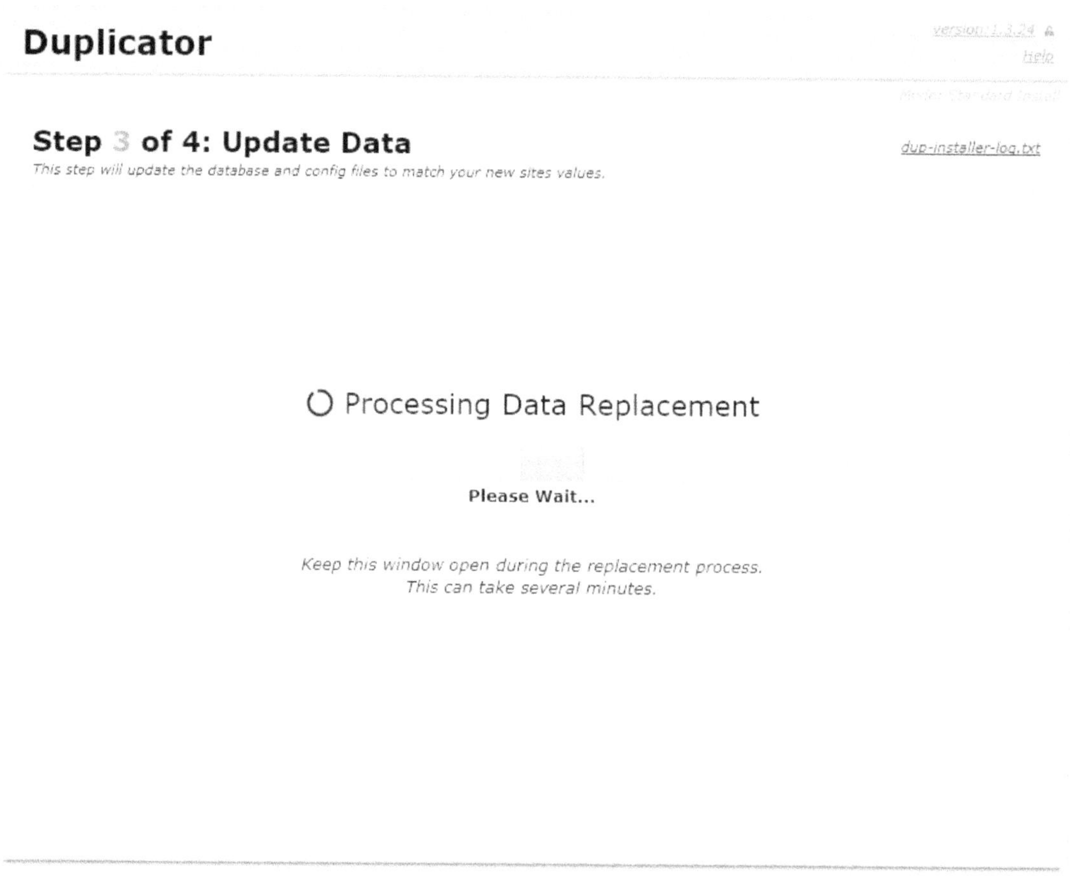

Abbildung 87 Duplicator: Daten in der Datenbank auf dem Server des Hosters werden ersetzt

Duplicator geht hier einfach davon aus, dass sich bereits Daten in der Datenbank auf dem Server des Hosters befinden.

Ist dies der Fall, ersetzen die Daten von der Datenbank auf Ihrem PC die Daten in der Datenbank auf dem Server des Hosters.

Falls die Datenbank auf dem Server des Hosters leer sein sollte, funktioniert dieser Vorgang trotzdem. Ihr erstes Transportpaket können Sie dennoch verarbeiten. Für die Installation von Ihrem WordPress von Ihrem PC im Root-Verzeichnis, ist ja auch nicht Voraussetzung, dass das Root-Verzeichnis gefüllt ist.

Nachdem nun die Daten in der Datenbank für WordPress auf dem Server des Hosters ersetzt worden sind, bietet Duplicator diese Feedback-Maske an.

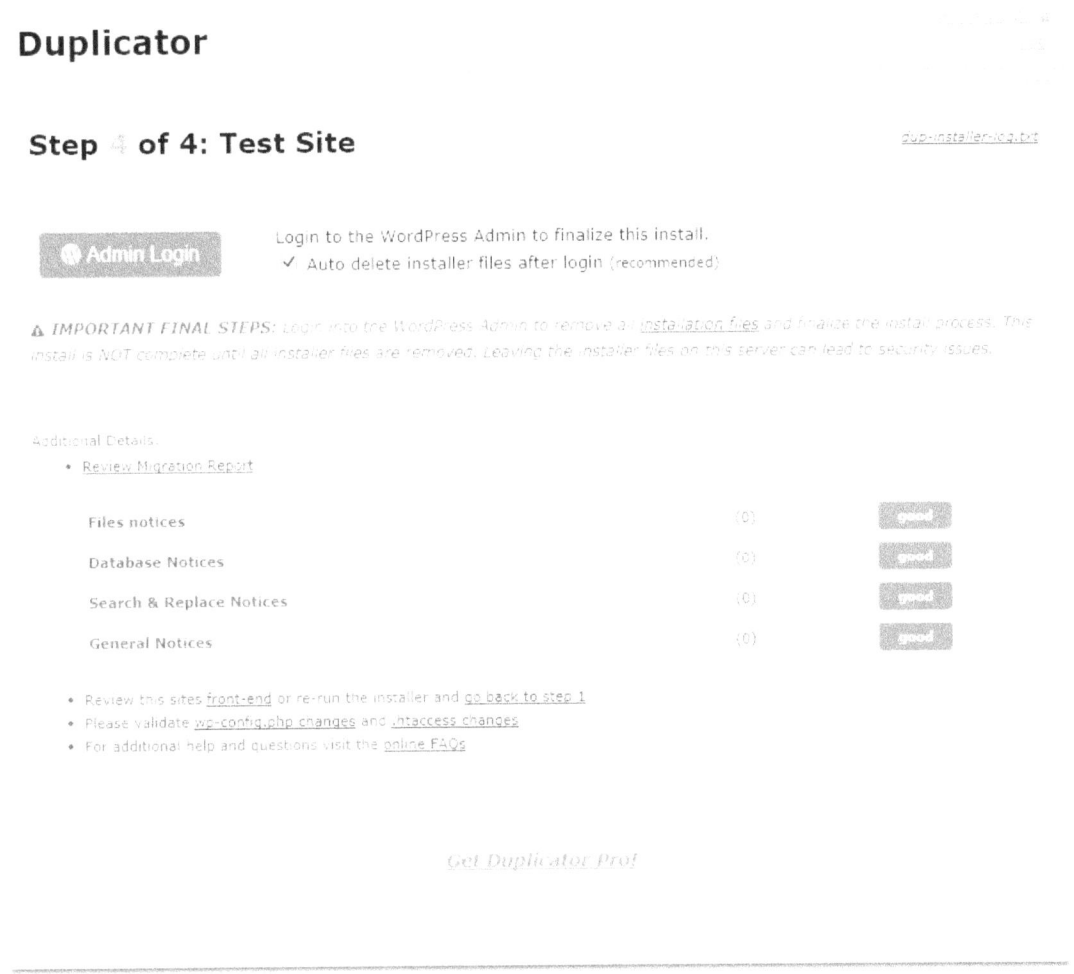

Abbildung 88 Die Installation von WordPress mitsamt der Datenbank im Webspace ist beendet

Wie Sie sehen, ist die Installation von WordPress mitsamt der Datenbank auf dem Server des Hosters beendet. Das Häkchen bei „Auto delete installer files after login" ist von Duplicator gesetzt. In früheren Versionen von Duplicator gab es diese Option nicht. Da musste man die „Installer-Dateien" noch manuell im Dashboard von WordPress löschen.

Da diese „Installer-Dateien" erst dann gelöscht werden, wenn man sich bei WordPress im Webspace anmeldet, klicke ich auf den Button „Admin Login".

Es erscheint dann die ganz normale Anmeldemaske von WordPress.

Abbildung 89 Anmeldung bei WordPress im Webspace

Allerdings entspricht die URL nicht dieser klassischen URL für den Login:

- http://www.itdoor.lu/wp-login.php

Ich habe diese Login-URL sowie so verändert, da jeder Hacker die Struktur der Login-URL von WordPress kennt.

Wie man die klassische Login-URL verändern kann, können Sie z. B. hier nachlesen.

- http://www.itdoor.lu/wordpress-plugin-verzeichnis/plugins-fuer-hackerschutz/

Auch wenn die Struktur der klassischen Login-URL modifiziert haben sollten, erscheint dann nicht jetzt Anmeldemaske mit der modifizierten Login-URL.

Vielleicht können Sie diese Anmeldung nutzen, um Plugins zu aktivieren, die Sie auf dem PC nicht benötigt haben?

Duplicator hält übrigens seine Zusage ein, die „Installer-Dateien" nach der Anmeldung automatisch zu löschen. Denn im Dashboard von WordPress finden Sie unter anderem diesen Text:

Aufräumen der Installer-Datei durchgeführt!

Gelöscht - /var/www/vhosts/itdoor.lu/httpdocs/dup-installer

Gelöscht - /var/www/vhosts/itdoor.lu/httpdocs/installer.php

Gelöscht - /var/www/vhosts/itdoor.lu/httpdocs/installer-backup.php

Das ist auch zwingend erforderlich, da es Hacker gibt, die diese URLs http://itdoor.lu/installer.php und http://itdoor.lu/installer-backup.php aufzurufen. Das kann Ihnen natürlich bei Ihrer WordPress-Website genauso passieren. Bloß natürlich dann mit anderen URLs.

Zwei Mal WordPress in einem XAMPP-Paket installieren

Für diejenigen, die 2 WordPress-Websites haben oder haben wollen, könnte diese Möglichkeit interessant sein. 2 WordPress-Websites mit unterschiedlichem Content, verschiedenen Plugins und/oder verschiedenen Themes.

Ferner könnte darauf ich darauf verweisen, dass bei einem großen Softwarepaket wie z. B. SAP es in Regel 3 Systeme gibt. Das Entwicklungssystem, das Qualitätssicherungssystem und das Produktionssystem. Für einen einfachen Blog halte ich allerdings 3 Systeme (zwei Mal WordPress auf dem PC und einmal im Webspace) für überdimensioniert.

Im Folgenden Fall stelle ich kurz vor, wie man zwei Mal WordPress in einem XAMPP-Paket installieren kann. Zumal das sehr selten erklärt wird. Da eine zweite Installation von WordPress einer ersten Installation von WordPress in einem XAMPP-Paket sehr ähnlich ist, werde ich mich teilweise auf die erste Installation von WordPress auf dem PC beziehen.

Das zweite WordPress braucht natürlich wie das erste WordPress eine Datenbank. So wie ich die Datenbank „**wordpress**" in phpMyAdmin angelegt habe (siehe Kapitel „Der Name der Datenbank"), lege ich auch die Datenbank „**wpaufpc**" für das zweite WordPress an.

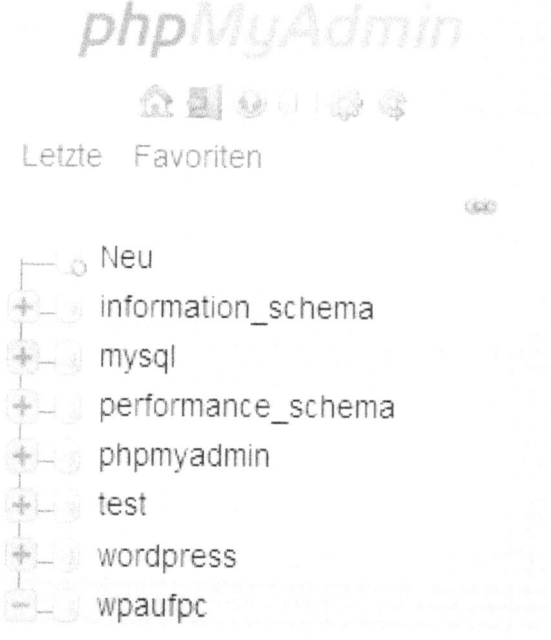

Abbildung 90 Zweite Datenbank für das zweite WordPress

Das erste WordPress hatte ich in das Verzeichnis
C:\xampp\htdocs\wordpress hineinkopiert.

Für das zweite WordPress lege ich das Verzeichnis
C:\xampp\htdocs\wordpress2 im Windows Explorer an.

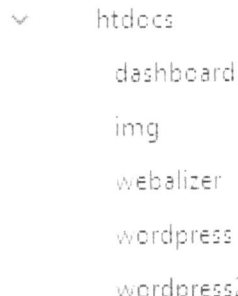

Abbildung 91 Verzeichnis für das zweite WordPress

Im Verzeichnis „wordpress2" soll also das zweite WordPress installiert werden. Dazu kopiere ich die WordPress-Dateien aus dem Download-Verzeichnis (siehe Kapitel „Das Verzeichnis für WordPress in XAMPP") in das Verzeichnis „wordpress2".

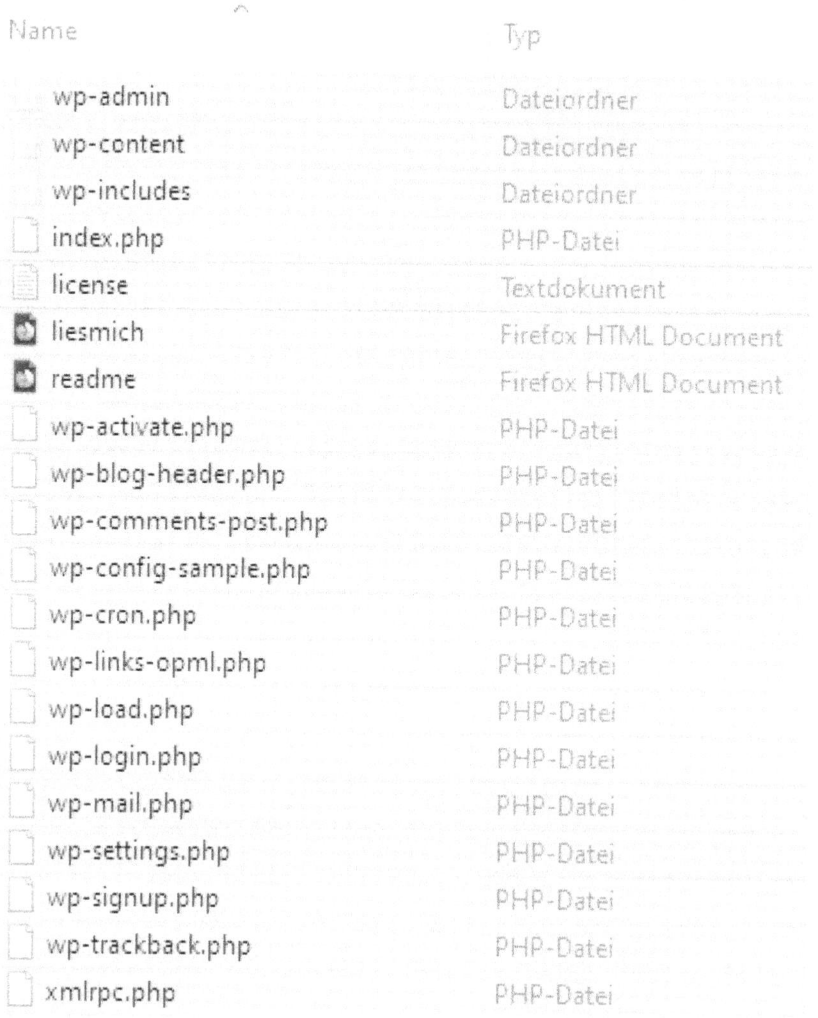

Name	Typ
wp-admin	Dateiordner
wp-content	Dateiordner
wp-includes	Dateiordner
index.php	PHP-Datei
license	Textdokument
liesmich	Firefox HTML Document
readme	Firefox HTML Document
wp-activate.php	PHP-Datei
wp-blog-header.php	PHP-Datei
wp-comments-post.php	PHP-Datei
wp-config-sample.php	PHP-Datei
wp-cron.php	PHP-Datei
wp-links-opml.php	PHP-Datei
wp-load.php	PHP-Datei
wp-login.php	PHP-Datei
wp-mail.php	PHP-Datei
wp-settings.php	PHP-Datei
wp-signup.php	PHP-Datei
wp-trackback.php	PHP-Datei
xmlrpc.php	PHP-Datei

Abbildung 92 Diese Verzeichnisse und Dateien kopieren

Das XAMPP Control Panel ist von mir gestartet worden. Ich rufe diese URL in einem meiner Browser auf.

- http://localhost/wordpress2/wp-admin/setup-config.php

Wie Sie erkennen können, ist das neue Verzeichnis „wordpress2" in der URL enthalten.

Würden Sie das Verzeichnis „fritz" nennen, wäre die URL wie folgt:

- http://localhost/fritz/wp-admin/setup-config.php

Die Willkommensmaske von WordPress mit dem Button „Los geht's!" erscheint (siehe Kapitel „Installation von WordPress").

Auf diesen Button klicke ich. In der dann folgenden Maske sehen Sie, dass WordPress als Datenbankname immer „wordpress" vorschlägt.

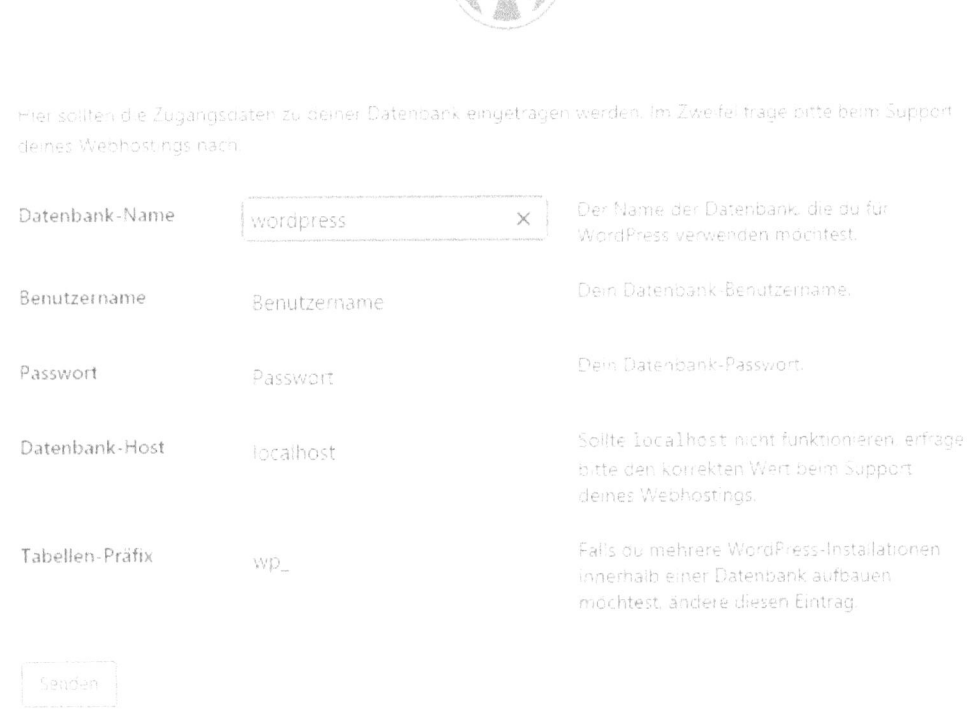

Abbildung 93 Zugangsdaten für die Datenbank des zweiten WordPress

Da die Datenbank für das zweite WordPress „wpaufpc" heißt, trage ich wpaufpc im Feld „Datenbank-Name" ein.

Als Benutzernamen trage ich wie beim ersten WordPress root ein. Das Feld Passwort leere ich, damit XAMPP nicht meint, dass das Passwort „Passwort" ist.

Den Tabellenpräfix lasse ich wie beim ersten WordPress unverändert.

Hinweis:

Man kann für 2 verschiedene WordPress-Installationen eine Datenbank benutzen. Die Tabellen des ersten WordPress haben dann den Tabellen-Präfix „wp_", die Tabellen des zweiten WordPress haben dann z. B. den Tabellen-Präfix „wp2_".

Da dann die Datenbank mit der Zeit mit Daten von 2 verschiedenen WordPress „überflutet" wird, halte ich von dieser Möglichkeit nichts. Daher gehe ich auf diese Alternative in diesem Buch nicht näher ein. Ich habe es ehrlich gesagt, noch nicht mal ausprobiert.

Zudem ist es relativ einfach, auf dem PC 2 WordPress mit jeweils einer Datenbank auf dem PC zu installieren. Warum soll ich dann alles in eine Datenbank hineinquetschen?

In der übernächsten Maske nenne ich den Titel der Website „itdoor2".

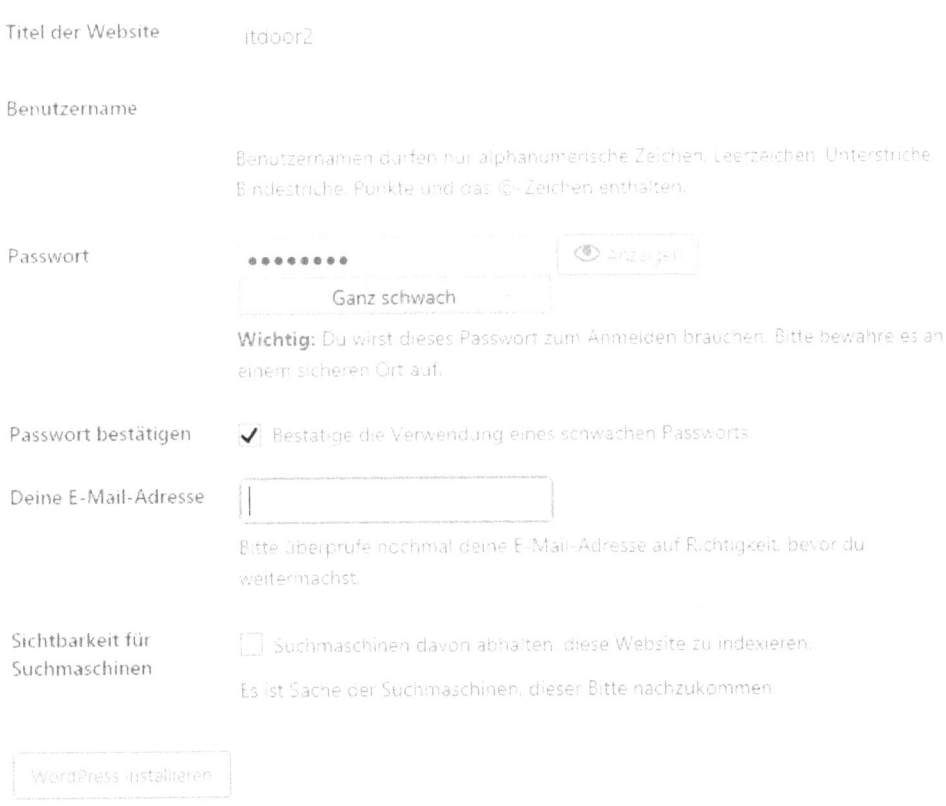

Abbildung 94 Benötigte Informationen für das zweite WordPress

Als Benutzername tippe ich itdoorII ein. Ferner muss ich in dieser Maske noch meine E-Mail-Adresse eintragen.

WordPress ließ sich dann mit dem Benutzernamen „itdoorII" installieren. Die Anmeldemaske sieht wie immer aus.

Abbildung 95 Anmeldemaske für das zweite WordPress

Ganz unten können Sie erkennen, dass der Titel der Website „itdoor2" ist.

Die URL dieser Anmeldemaske lautet:

- http://localhost/wordpress2/wp-login.php

Aus dieser URL lässt sich also ablesen, dass dieses WordPress sich im Verzeichnis „wordpress2" befindet.

Die Anmeldung gelingt. Die Website hat auf dem PC diese URL.

- http://localhost/wordpress2/

Also auch hier wird der Name des Verzeichnisses erwähnt, in dem WordPress installiert wird.

Das war es. Schwierig?

Sie haben jetzt 2 Mal WordPress auf ihrem PC, die Sie mit unterschiedlichen Inhalten und Plugins ausstatten können. Ferner können sie auch unterschiedliche Themes benutzen.

Auf diese Art und Weise müsste man auch ein drittes WordPress in einem XAMPP-Paket installieren können. Ausprobiert habe ich es allerdings nicht.

Eine WordPress-Website innerhalb des PCs transportieren

Es gibt auf dem PC das WordPress mit der Datenbank „wordpress" und das WordPress mit der Datenbank „wpaufpc".

Das WordPress mit der Datenbank „wordpress" nenne ich fortan in diesem Buch „WordPress1" und das WordPress mit der Datenbank „wpaufpc" erhält ab jetzt in diesem Buch den Namen „WordPress2".

Beide verwenden im Augenblick das Theme „Twenty Twenty".

WordPress1 aktualisiere ich auf die Version 5.3.2 und tausche bei WordPress1 das Theme „Twenty Twenty" gegen das Theme „Twenty Seventeen" aus.

Transportiere ich jetzt auf dem PC WordPress1 nach WordPress2, müsste WordPress2 dann das Theme „Twenty Seventeen" und die WordPress-Version 5.3.2 haben.

Man kann diesen Test natürlich noch einfacher gestalten, indem man in WordPress1 einfach einen neuen Beitrag oder eine neue Seite anlegt.

Hinweis:

Sie könnten daran denken, den Inhalt des Verzeichnisses „wordpress" im Windows Explorer in das neu angelegte Verzeichnis „wordpress3" zu kopieren. Dann hätten Sie zwei WordPress, die die Datenbank „wordpress" bei gleichem Tabellen-Präfix benutzen. Das ist nicht zu empfehlen!

Ich erstelle dann in WordPress1 mit dem Plugin „Duplicator" eine Archiv-ZIP-Datei von WordPress1 und erhalte natürlich auch auf diesem Weg die Datei „installer.php" (siehe Kapitel „Mit Duplicator ein Archiv bzw. ein Backup erstellen").

Beide Dateien schiebe im Windows Explorer in den Installationsordner „wordpress2". Das ist der Installationsordner von Wordpress2.

Nachdem die beiden Dateien im Verzeichnis „wordpress2" sind, lösche ich in diesem Verzeichnis alle Unterverzeichnisse und Dateien mit Ausnahme der beiden Dateien von Duplicator.

Hinweis:

Sollten Sie vergessen haben das Verzeichnis „wordpress2" auf diese Art und Weise zu leeren, dann können Sie das nach dem Aufruf der Maske „Step 1 of 4: Deployment" noch nachholen.

Da bei „Overwrite Install" dann eine Warnmeldung kommt (siehe Details Kapitel „Warnmeldung: Overwrite Install"), lösche ich entsprechend der Empfehlung von Duplicator bei dieser Warnmeldung alle Verzeichnisse und Dateien im Verzeichnis „wordpress2" bis auf 4 Ausnahmen.

- die Archiv-ZIP-Datei von WordPress1
- die Datei „installer.php"
- die Datei „dup-installer-bootlog__43d2700-19173621.txt"
- das Verzeichnis „dup-installer"

Danach schließe ich den Browser und öffne ihn wieder. Anschließend rufe ich nochmal die folgende URL auf.

http://www.itdoor2.lu/installer.php

Mache ich diesen kleinen Umweg bei der verspäteten Löschung nicht und würde stattdessen fortfahren, würde der Browser unter anderem melden: „*[PHP ERR][NOTICE] MSG:Undefined index:*"

Da ich die Verzeichnisse und Dateien im Verzeichnis „wordpress2" rechtzeitig gelöscht habe, rufe ich in einem meiner Browser diese URL auf:

- http://localhost/wordpress2/installer.php

Die Zeichenfolge „wordpress2" ist in dieser URL enthalten, weil das Installationsverzeichnis von WordPress2 das Verzeichnis „wordpress2" ist.

Es erscheint die Maske „Step 1 of 4: Deployment" (siehe Kapitel „Start der Installation von dem WordPress von meinem PC im Webspace").

Hinweis:

Schiebe ich die beiden Dateien in ein neu angelegtes und damit leeres Verzeichnis, wird die Maske „Step 1 of 4: Deployment" nicht aufgerufen. Es kommt stattdessen die Meldung *„Objekt nicht gefunden! Error 404"*.

Danach erscheint die Maske „Extracting Archive Files", die Sie schon aus dem Kapitel „Die Archiv-Datei auf dem Server des Hosters entpacken" kennen.

Die Maske „Step 2 of 4; Install Database" kennen Sie schon aus dem Kapitel „Datenbank für WordPress auf dem Server des Hosters installieren". Natürlich müssen in diesem Fall die Felder dieser Maske teilweise anders ausgefüllt werden.

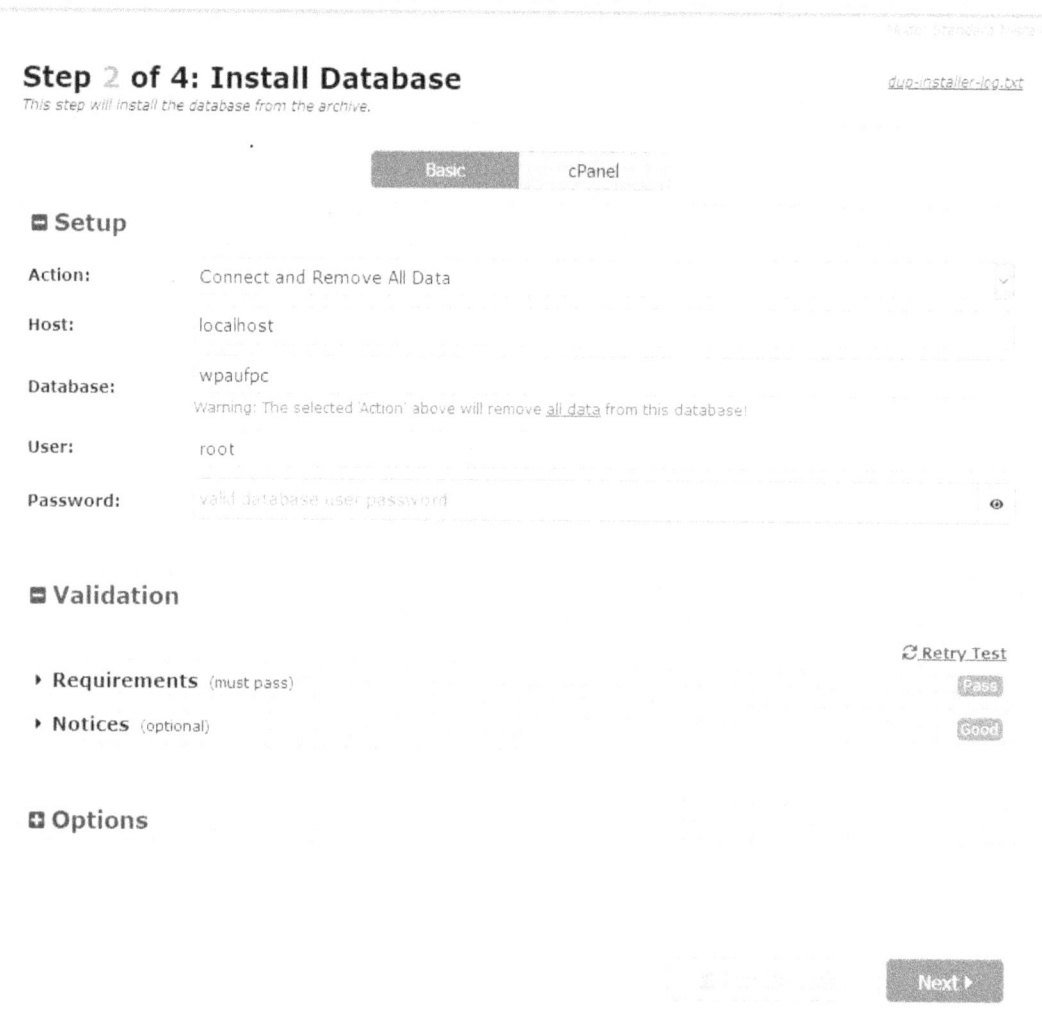

Abbildung 96 Install Database auf dem PC mit "Test Database"

Der Name der Datenbank von WordPress2 ist wpaufpc und diese Datenbank hat den User root (siehe Kapitel „Benutzername und Passwort für die Datenbank").

Da die Datenbank kein Password hat, bleibt das Feld Password unangetastet.

Wie Sie wahrscheinlich schon bemerkt haben, hatte ich bereits auf den Button „Test Database" geklickt. Da die Validierung erfolgreich war, klicke ich jetzt unten rechts auf den Button „Next".

Danach bietet Duplicator mir die Maske **„Run Installer with these settings?"** an, die genauso wie im Kapitel „Datenbank für WordPress auf dem Server des Hosters installieren" aussieht.

Ich klicke in dieser Maske auf den Button „OK".

Auch die dann erscheinende Maske „Step 2 of 4: Install Database" mit dem Prozessschritt „Installing Database" finden Sie auch im Kapitel „Datenbank für WordPress auf dem Server des Hosters installieren".

Nachdem „Installing Database" beendet ist, ist die nächste Maske „Step 3 of 4: Update Data".

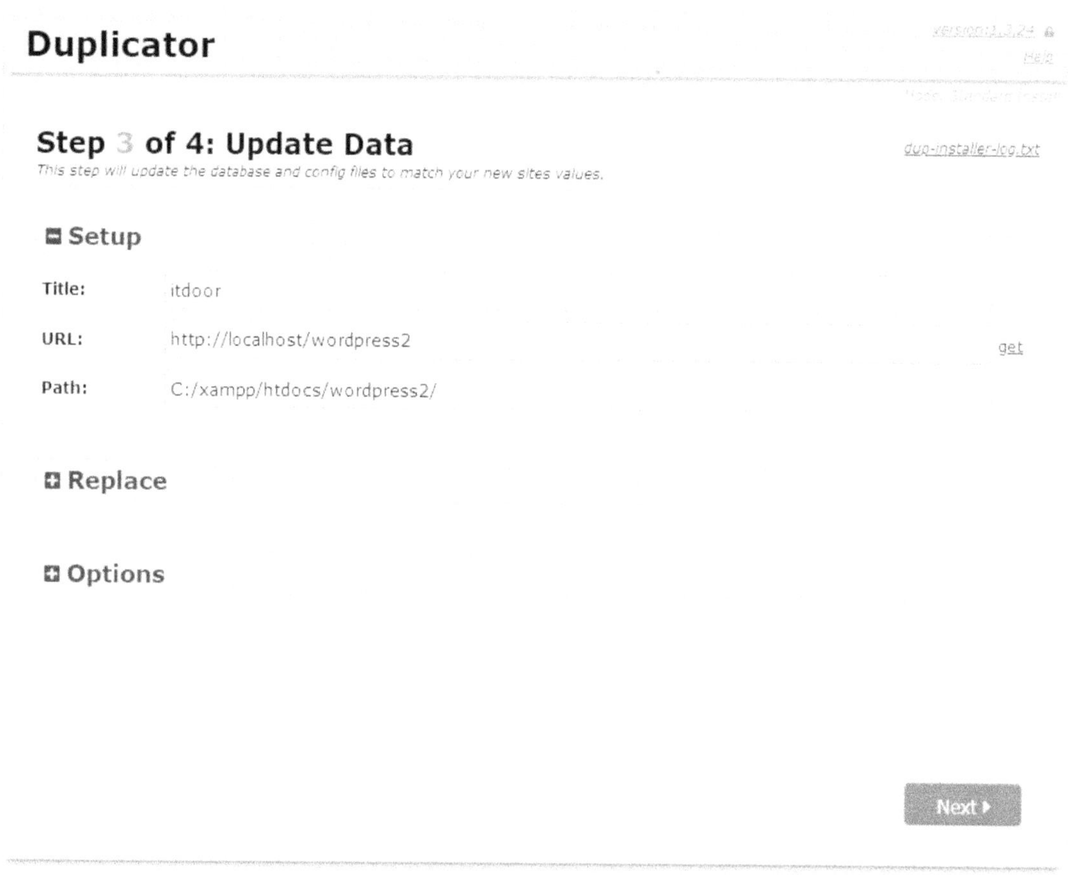

Abbildung 97 Duplicator: Step 3 of 4: Update Data bei Transport von WordPress auf dem PC

Hier haben Sie natürlich in den Feldern „URL" und Path" andere Zeichenfolgen als beim Transport von WordPress in den Webspace. Das muss Sie aber nicht bekümmern, da Duplicator diese Zeichenfolgen (korrekt) vorschlägt.

Daher klicke ich unten rechts auf den Button „Next".

Auch die ´dann folgende Maske mit „Processing Data Replacement" kann ich hier überspringen, da auch diese Maske genauso aussieht wie im Kapitel „Datenbank für WordPress auf dem Server des Hosters installieren".

Wie erwartet, erscheint dann die Maske „Step 4 of 4: Test Site".

Duplicator

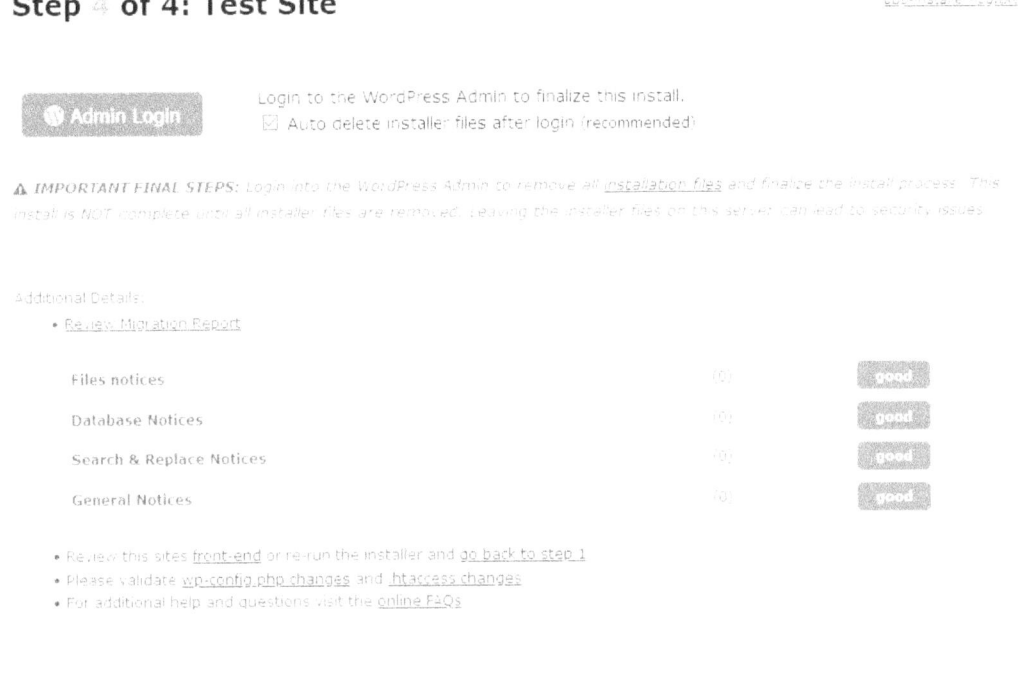

Abbildung 98 Duplicator Step 4 of 4: Test Site bei Transport von WordPress auf dem PC

Auch diese Maske müsste ich eigentlich nicht zeigen, da sie nicht anders aussieht, als bei einem Transport von WordPress in den Webspace. Aber damit ist dokumentiert, dass der Transport innerhalb des PCs geklappt hat. Denn der Transport ist im Prinzip beendet.

Die Anmeldemaske kann mit einem Klick auf den Button „Admin Login" aufgerufen werden.

• Die Anmeldung erfolgt jetzt natürlich mit dem Benutzernamen und dem Passwort von WordPress1. Benutzernamen und Passwort von WordPress2 gibt es nicht mehr.

- WordPress1 ist jetzt mit WordPress 2 identisch, bis auf 3 Ausnahmen:
    - WordPress2 hat eine andere Datenbank.
    - Ferner hat die Website von WordPress2 eine andere URL auf dem PC. Nämlich http://localhost/wordpress2/.
    - WordPress2 hat eine andere URL für die Anmeldemaske. Denn diese lautet http://localhost/wordpress2/wp-login.php

Ob und in welchen Fällen ein solcher Transport Sinn macht, soll die einzelne Leserin oder der einzelne Leser entscheiden.

Auf jeden Fall ist damit ein guter Übergang für den Transport von WordPress im Webspace auf den PC gelungen. Denn auch in diesem Fall ist das Transportziel WordPress auf dem PC.

Transport von WordPress im Webspace auf den PC

Das Buch ist auch für diejenigen gedacht, die WordPress schon im Webspace pflegen, aber WordPress noch nicht auf dem PC haben. In diesen Fällen muss WordPress bzw. die WordPress-Website auf den PC transportiert werden.

Man mag es mir nachsehen, dass ich bei über 2.580 Screenshots im Webspace nicht einfach auf „Bitte aktualisiere jetzt" klicke, um von Version 4.9.12 zu Version 5.3.2 zu wechseln. Daher transportiere ich WordPress vom Webspace auf den PC und aktualisiere dann auf dem PC WordPress auf Version 5.3.2. Hier kann ich dann in aller Ruhe aktualisieren und prüfen, ob mein WordPress nach wie vor fehlerfrei funktioniert. Bis ich das herausgefunden habe, nutze ich noch weiterhin für Transporte in den Webspace ein zweites WordPress auf dem PC, dass ebenfalls die Version 4.9.12 hat.

Ist die Aktualisierung auf dem PC problemlos verlaufen, transportiere ich Version 5.2.3 in den Webspace. Damit kann ich gleich prüfen, ob auch die Transporte in den Webspace weiterhin problemlos erfolgen.

Denn diesen Prüfungsschritt habe ich erst mal nicht, wenn ich auf Grund einer erfolgreichen Aktualisierung auf dem PC dann mein WordPress im Webspace aktualisiere.

Statt einem zweiten WordPress auf dem PC könnte man auch an ein Backup vom ersten WordPress auf dem PC denken, bevor man das WordPress auf dem PC aktualisiert. Es muss in diesem Fall nicht unbedingt ein zweites WordPress auf dem PC geben.

Allerdings hat das zweite WordPress auf dem PC den kleinen Vorteil, dass Sie mit der alten Version z. B. 4.9.12 weiterhin Beiträge und Seiten schreiben können. Während das erste WordPress wegen Ihrer umfangreichen Untersuchung des Versionswechsels blockiert ist. Wie gesagt nur ein kleiner Vorteil, der sich nur dann ergibt, wenn Sie die neueste Version von WordPress auf Herz und Nieren prüfen.

WordPress vom Webspace in ein leeres Verzeichnis oder in ein Verzeichnis mit WordPress

Sie können Ihr WordPress vom Webspace auch in einem leeren Windows-Verzeichnis installieren. Sie kopieren oder speichern die Archiv-ZIP-Datei und die installer.php in das leere Verzeichnis. Das leere Verzeichnis muss natürlich ein Unterverzeichnis des Verzeichnisses htdocs sein. Ferner legen Sie in phpMyAdmin noch eine leere Datenbank an (siehe Kapitel „Datenbank für WordPress erstellen "), die z. B heißen könnte:

- wpvomwebspace

Haben Sie das leere Verzeichnis „wordpress3" genannt, starten Sie die Installation vom WordPress auf dem Webspace, indem Sie diese URL aufrufen.

- http://localhost/wordpress3/installer.php

Natürlich muss dabei immer das XAMPP Control Panel gestartet sein.

Ich zeige die Installation des WordPress vom Webspace in einem Ordner, in dem schon WordPress bereits installiert ist. Dieses Verzeichnis heißt „wordpress2". Weil es komplizierter klingt. Es ist aber nicht schwieriger, weil es in diesem Fall schon eine Datenbank für WordPress gibt.

Archiv (Backup) im Webspace erstellen

Da ich sonst immer WordPress vom PC in den Webspace transportiere, hat Duplicator im Webspace kein Archiv.

Ich erstelle mit Hilfe des Plugins „Duplicator" die Archiv-ZIP-Datei und die Datei „installer.php" (siehe Kapitel „Mit Duplicator ein Archiv bzw. ein Backup erstellen").

Diese beiden Dateien speichere ich im Verzeichnis „wordpress2" an, in dem sich schon eine WordPress-Installation befindet.

Ich lösche bis auf diese beiden Dateien alles im Verzeichnis „wordpress2".

Da das XAMPP Control Panel gestartet ist, rufe ich anschließend in einem meiner Browser die folgende URL auf.

- http://localhost/wordpress2/installer.php

Es erscheint, wie erwartet die Maske „Step 1 of 4: Deployment".

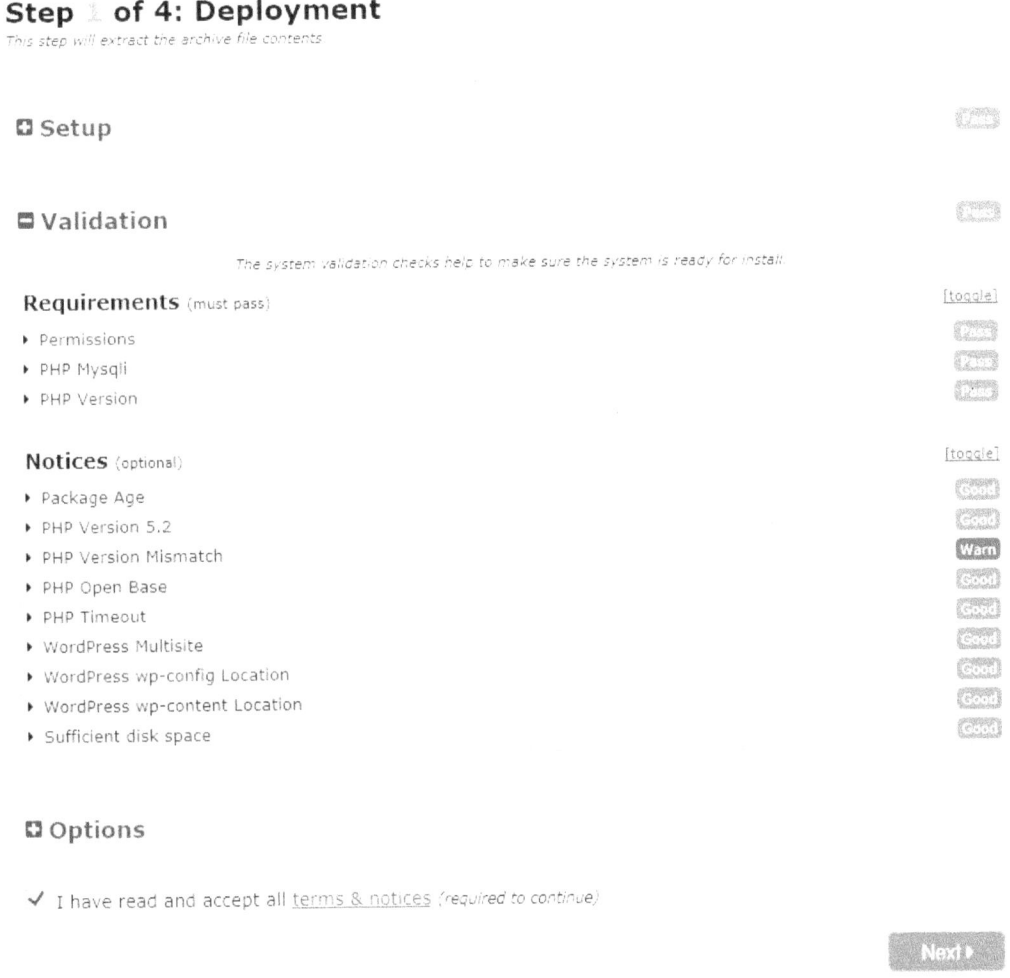

Abbildung 99 Step 1 of 4: Deployment - Transport von WordPress vom Webspace auf den PC

Warnmeldung: PHP Version Mismatch

Wie Sie sehen, gibt es eine Warnmeldung bei „PHP Version Mismatch". Diese Warnmeldung wurde bisher in diesem Buch noch nicht erwähnt.

Der Text dieser Warnmeldung lautet:

You are migrating site from the PHP 5.6.40 to the PHP 7.3.11.

If this servers PHP version is different to the PHP version of your package was created it might cause problems with proper functioning of your websiteand/or plugins and themes. It is highly recommended to try and use the same version of PHP if you are able to do so.

Da ich zwei Mal WordPress auf meinem PC habe, kann ich es mir leisten, diese Warnmeldung zu ignorieren. Mal sehen, was passiert.

Installation des WordPress vom Webspace auf dem PC

Da ich mich um die Warnmeldung nicht kümmere, setze ich ein Häkchen bei „I have read and accept all terms & notices (required to continue)" in der Maske „Step 1 of 4: Deployment" und klicke auf den Button „Next".

Danach kommt die Maske mit Extracting Archive Files. Beim Extra Archive Files werden keine Probleme gemeldet. Nach Beendigung von Extracting Archive Files bietet Duplicator mir die Maske „Step 2 of 4: Install Database" an.

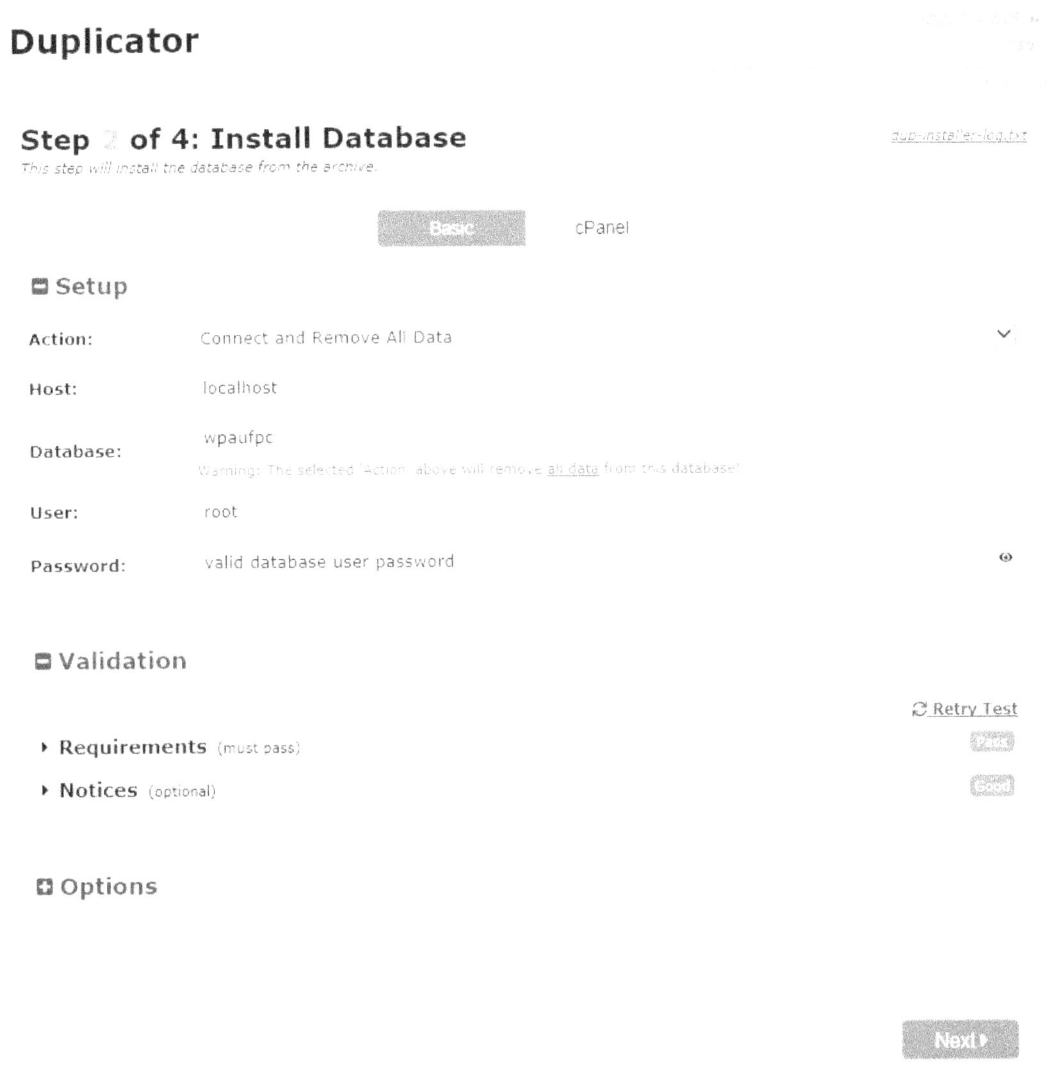

Duplicator

Step 2 of 4: Install Database
This step will install the database from the archive.

Basic   cPanel

Setup

Action:	Connect and Remove All Data
Host:	localhost
Database:	wpaufpc
	Warning: The selected 'Action' above will remove all data from this database!
User:	root
Password:	valid database user password

Validation

↻ Retry Test

▸ **Requirements** (must pass)   Pass
▸ **Notices** (optional)   Good

Options

Next ▶

Abbildung 100 WordPress vom Webspace auf den PC - Install Database

Da die Datenbank für WordPress2 „wpaufpc" heißt, trage ich wpaufpc im Feld „Datenbank-Name" ein.

Der Benutzer der Datenbank wpaufpc heißt root (Siehe Kapitel „Benutzername und Passwort für die Datenbank").

Das Feld Password bleibt unberührt, da die Datenbank kein Passwort hat.

Wie Sie sehen, hatte ich bereits auf den Button „Test Database" geklickt. Da die Validierung erfolgreich war, klicke ich jetzt unten rechts auf den Button „Next".

Anschließend beginnt Duplicator mit „Installing Database".

Ist dieser Vorgang beendet, erscheint die Maske „Step 3 of 4: Update Data".

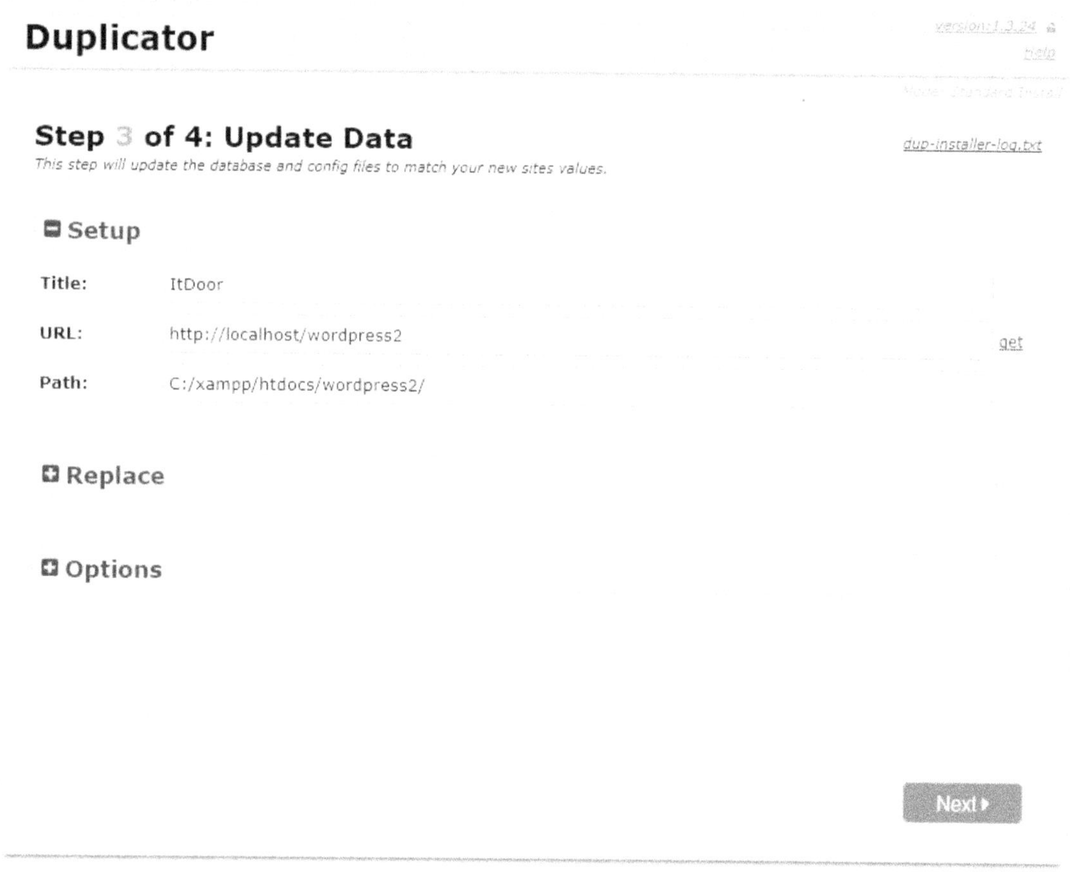

Abbildung 101 WordPress vom Webspace auf den PC - Update Data

Die Zeichenfolgen in den Feldern „Title", „URL" und „Path" stammen alle von Duplicator. Da ich diese Vorschläge alle übernehme, klicke ich auf den Button „Next".

Nun beginnt das Processing Data Replacement von Duplicator. Auch hier werden keine Probleme gemeldet. Daher ist es keine Überraschung, dass Duplicator dann zu der Maske „Step 4 of 4: Test Site" springt.

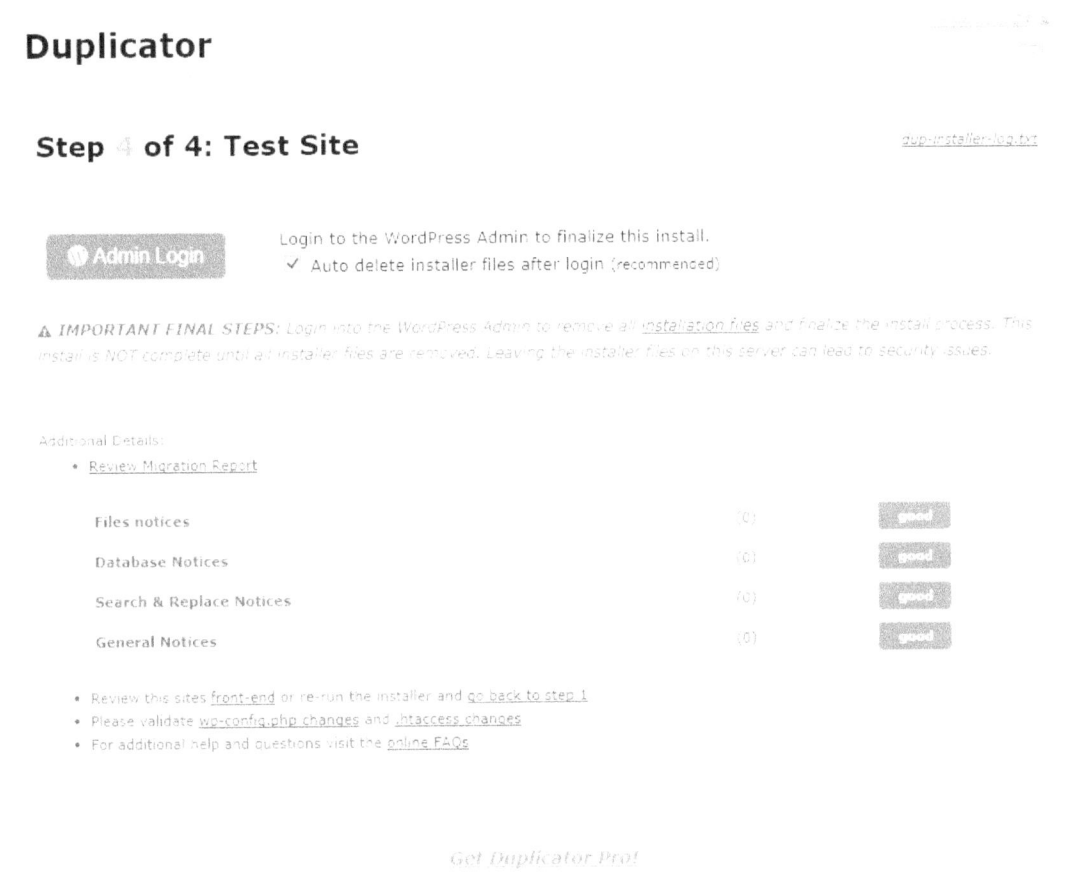

Abbildung 102 WordPress vom Webspace auf den PC - Test Site

Auch diese Maske müsste ich eigentlich nicht zeigen, da sie nicht anders aussieht, als bei einem Transport von WordPress in den Webspace. Aber damit ist dokumentiert, dass der Transport vom Webspace auf den PC geklappt hat. Denn der Transport ist im Prinzip beendet.

Da alles in Ordnung ist, klicke ich auf den Button „Admin Login".

Die dann erscheinende Anmeldemaske sieht wie immer aus.

Abbildung 103 Anmeldemaske: WordPress vom Webspace auf den PC

Die Anmeldung erfolgt jetzt natürlich mit dem Benutzernamen und dem Passwort des WordPress vom Webspace. Den Benutzernamen und das Passwort von der vorherigen WordPress-Installation im Verzeichnis „wordpress2" gibt es nicht mehr.

Die Anmeldung gelingt. Vielleicht nochmal kurz zur Erinnerung:

Ich habe eben auf dem PC ein WordPress mit Version 5.3.2 durch ein WordPress mit der Version 4.9.12 ersetzt.

Jetzt kann ich auf dem PC mein WordPress mit der Version 4.9.12 aktualisieren.

Abbildung 104 WordPress 5.3.2 zur Aktualisierung verfügbar

Oder anders ausgedrückt: Ich kann jetzt testen, ob bei diesem Versionswechsel Probleme auftreten.

Natürlich kann dieser Transport von WordPress auf den PC nicht nur dazu dienen, einen Versionswechsel zu testen. Sie können jetzt Plugins, Themes etc. auf dem PC testen.

Diese Word-Press-Website hat auf dem PC diese URL:

- http://localhost/wordpress2/

Die Login-URL für dieses WordPress auf dem PC ist beeinflusst durch die Login-URL vom Webspace.

Wäre die Login-URL im Webspace http://www.itdoor.lu/fritz, wäre dann die Login-URL auf dem PC wie folgt:

- http://localhost/wordpress2/fritz

Wie man die klassische Login-URL verändern kann, können Sie z. B. hier nachlesen.

- http://www.itdoor.lu/wordpress-plugin-verzeichnis/plugins-fuer-hackerschutz/

Wie Sie wahrscheinlich schon gemerkt haben, wurde das Programm FileZilla beim Transport von WordPress vom Webspace auf den PC nicht benötigt.

Wie bereits schon erwähnt, können Sie das WordPress aus dem Webspace auch in einem Windows-Verzeichnis auf dem PC installieren, in dem WordPress bisher nicht installiert worden ist.

Dass Sie diese freie Wahl haben, bedeutet auch, dass Sie Ihr WordPress vom Webspace mehr als einmal auf dem PC installieren können. Aber auch hier empfehle ich, dass jedes WordPress eine eigene Datenbank erhält.

Schlusswort

Dieses Buch wurde auf bisher circa 143 Seiten begrenzt, damit Sie möglichst schnell WordPress auf Ihrem PC installieren können. Dieses Buch ist dann ein Erfolg für Sie gewesen, wenn Sie mit Hilfe dieses Buches nicht nur möglichst schnell, sondern auch mühelos WordPress auf Ihrem PC installieren konnten. Wie zugesagt, sind Programmierkenntnisse nicht erforderlich. Falls Sie auf Grund dieses Buches in Erwägung ziehen, eventuell zu einem späteren Zeitpunkt WordPress auf Ihrem PC zu installieren, können Sie dieses Buch als Nachschlagewerk benutzen.

Literaturempfehlungen

Kostenlose WordPress-Themes: Schnell das passende Theme finden (für Anwender, Consultants und Theme-Developers). Mit über 75 hilfreichen Tabellen; ohne Programmierung

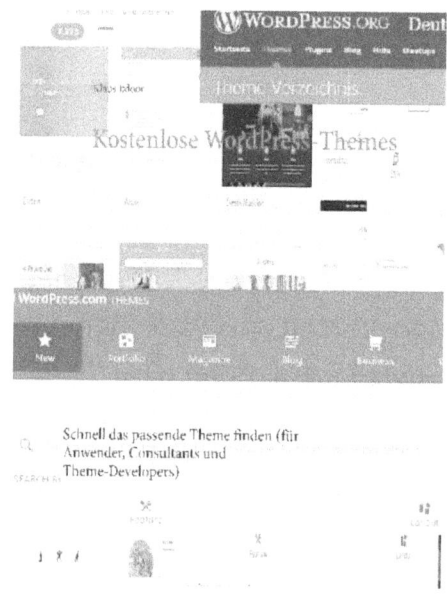

Jeder kann ein E-Book erstellen: Jeder kann ohne Programmierkenntnisse mit Jutoh ein E-Book erstellen. Mit über 550 Abbildungen und praktischen Beispielen.

E-Book Distributoren, E-Book Shops, E-Book Themen: Eine Entscheidungshilfe mit 90 Abbildungen und mit über 500 weiterführenden Links.

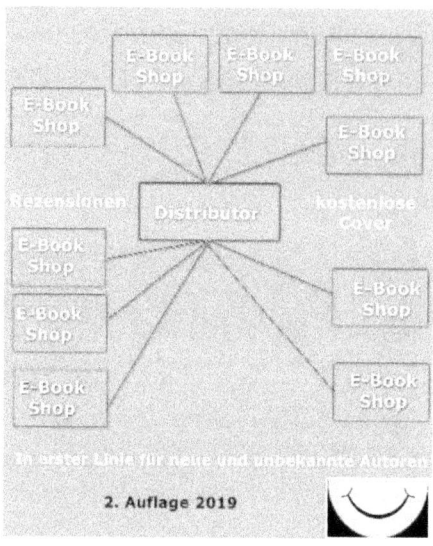

Automatisiert Fehler im Text entdecken: Automatisiert Fehler im Text entdecken und korrigieren. Mit praktischen Beispielen und über 90 Abbildungen. Warum die Rechtschreib- und Grammatikprüfung von Word nicht ausreicht.

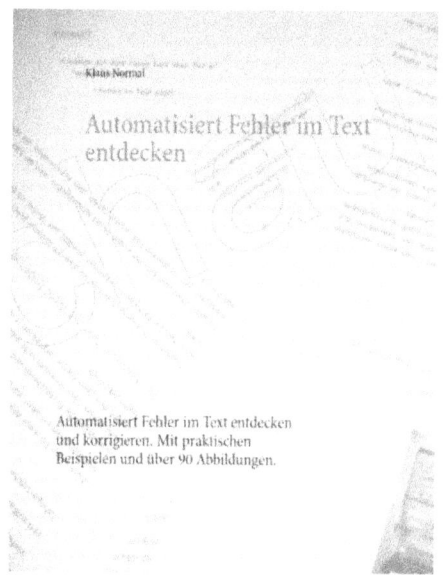

Beispiele für Texte:

Bachelorarbeit, Bewerbung, Bericht, Biographie, Broschüre, Buch, Diplomarbeit, Dokumentation, Drehbuch, Examensarbeit, Flyer, Gutachten, Habilitation, Hausarbeit, Homepage, Katalog, Magisterarbeit, Magazin, Manuskript, Masterarbeit, Newsletter, Präsentation, Promotion, Prospekt, Reisebericht, Roman, Schriftsätze, Werbetext, Liebesbrief?

Aktienspekulationen: Unsicherheiten in den Griff bekommen. Ein Buch auch für Kleinanleger. Mit über 80 Beispielen und über 30 Tabellen.

Haftungsausschlüsse

Soweit das Buch Links zu Webseiten Dritter enthält, wird für deren Inhalt keine rechtliche Verantwortung übernommen. Diese liegt allein bei den

Anbietern, bzw. den Betreibern der betreffenden Seiten. Hiermit distanziere ich mich ausdrücklich von eventuell rechtswidrigen Inhalten aller verlinkten Seiten und übernehme hierfür auch keinerlei Gewähr.

Für die fortlaufende Richtigkeit, Vollständigkeit, Aktualität, Qualität sowie die ständige Verfügbarkeit der Links zu den genannten Webseiten wird keinerlei Gewähr übernommen.

Für Schäden, die durch die richtige oder falsche Bedienung der in diesem Buch genannten Programme entstehen, wird keine Haftung übernommen.

Für die Qualität der Bilder bzw. Abbildungen und Tabellen im Buch wird auch keine Haftung übernommen. In der dem Buch zu Grunde liegenden PDF-Datei sahen die Bilder und Tabellen in Ordnung aus.

It-Door SARL übernimmt keine Gewähr für die Aktualität, Korrektheit, Vollständigkeit oder Qualität der bereitgestellten Informationen. Haftungsansprüche gegen It-Door SARL, welche sich auf Schäden materieller oder ideeller Art beziehen, die durch die Nutzung oder Nichtnutzung der dargebotenen Informationen bzw. durch die Nutzung fehlerhafter und unvollständiger Informationen verursacht wurden, sind grundsätzlich ausgeschlossen.

Impressum und Copyright

Bibliografische Information der Deutschen Nationalbibliothek:

Die Deutsche Nationalbibliothek verzeichnet diese Publikation in der Deutschen Nationalbibliografie; detaillierte bibliografische Daten sind im Internet über http://dnb.dnb.de abrufbar.

© 1. Auflage 2020 It-Door SARL, 14 rue Hiehl, L-5415 Canach

Website: http://www.itdoor.lu/

Herstellung und Verlag: BoD – Books on Demand, Norderstedt

ISBN: 978-3-7494-9756-0

Die Verwendung der Texte, Bilder und Tabellen, die Veröffentlichung / Vervielfältigung ist nur mit ausdrücklicher Genehmigung von It-Door SARL gestattet, da It-Door SARL die Verwertungsrechte hat.

Wir weisen darauf hin, dass die in diesem Buch genannten Produktbezeichnungen, Softwarebezeichnungen, Hardwarebezeichnungen, Firmennamen, Gebrauchsnamen, Handelsnamen, Firmenlogos etc. in der Regel Warenzeichen-, Marken- oder patenrechtlichem Schutz unterliegen. Dies kann auch der Fall sein, wenn für diese keine besondere Kennzeichnung vorliegt.

Für Schäden, die durch die richtige oder falsche Benutzung, der in diesem Buch erwähnten Programme entstehen, übernimmt It-Door SARL keine Haftung.

Falls Urheberrechtsverletzungen von It-Door SARL vorliegen sollten, sind diese nicht gewollt, denn It-Door SARL ist stets darum bemüht, die Urheberrechte anderer zu beachten. Es gilt das luxemburgische Urheberrecht ggf. auch das Urheberrecht der EU.

Lightning Source UK Ltd.
Milton Keynes UK
UKHW030629140721
387148UK00005B/251